Essai de détermination des noms de lieux d'une charte de Carloman (746/747) en faveur de l'abbaye de Stavelot-Malmedy. Approche historique, linguistique et philologique

PAR

Marie-Guy Boutier

ET

Étienne Renard

2017

ISBN 978-90-429-3651-5
D/2017/0602/175

Essai de détermination des noms de lieux d'une charte de Carloman (746/747) en faveur de l'abbaye de Stavelot-Malmedy. Approche historique, linguistique et philologique

À la mémoire de Martina Pitz

Par un acte daté du 6 juin 746 ou – préférentiellement – 747, le maire du palais Carloman, frère aîné de Pépin le Bref, fit don à l'abbaye de Stavelot-Malmedy, sous l'abbatiat d'Anglin (*Anglinus*), de possessions situées « dans le Condroz et ailleurs », selon la formule prudente de la première édition fiable de l'acte (Halkin & Roland 1909 : nº 17, p. 46-50).

Voici le texte du dispositif citant ces possessions, tel que le propose la récente édition des actes des Arnulfides / Pippinides (Heidrich 2001 : nº 15, p. 93-94, repris à l'identique dans Heidrich 2011 : nº 15, p. 34-36) :

> « [...] hoc sunt villas cuius vocabula sunt : Lenione cum omnibus appenditiis suis in pago Condustrinse, Caldina, Mosania, Vuarsipio [*ou* : Warsipio] et Barsina, nec non et Rudis, Provote [*ou* : Pronote], Halma et Haist in Guoldo manso, Solania similiter et villam que vocatur Vuadalino [*ou* : Wadalino] cum omnibus appenditiis suis, Rudis, Olisna, Ferario, Palatiolo et Brabante [...] ».

Pour tous ces toponymes, il s'agit de la plus ancienne mention, ce qui explique l'intérêt porté à ce document par plusieurs générations de toponymistes et d'érudits[1]. Pour l'historien,

[1] Voir déjà l'analyse de Grandgagnage (1855 : 20-21) ; pour la délimitation des *pagi* : Piot (1874), Roland (1920), van Rey (1977 : 99-100) et Nonn (1983 :

l'intérêt de la charte est double : d'une part, elle fournit le plus ancien témoignage d'une acquisition de l'abbaye de Stavelot-Malmedy en dehors des donations des souverains mérovingiens (Kölzer 2001 : n° 81, 108, 124, 139, *dep.* 215, 216, 266, 324), c'est-à-dire, essentiellement, de la dotation initiale du monastère, taillée dans un fisc au milieu du 7e s.(2) ; d'autre part, elle livre un témoignage rare des possessions des maires du palais peu avant que les Pippinides n'accèdent à la royauté.

Nous souhaitons revenir ici sur la question de l'identification des noms de lieux de l'acte de Carloman afin d'éprouver une méthode et d'évaluer les résultats obtenus. Nous présenterons d'abord l'acte dans sa matérialité (1). Nous nous intéresserons ensuite à la structure du texte (2), avant de présenter les critères dont nous nous servirons pour l'identification des noms de lieux (3). Nous nous livrerons à cette opération pas à pas (4), puis, après un court bilan (5), en évaluerons les retombées dans les domaines de l'histoire (6) et de la toponymie (7), deux domaines que notre collègue Martina Pitz associait étroitement dans ses excellents travaux(3).

105 et n. 427) ; pour l'histoire du domaine de l'abbaye de Stavelot-Malmedy et l'exercice de la seigneurie monastique : Baix (1924), largement fondé sur les identifications de Halkin & Roland (1909), et tout récemment Schroeder (2015) ; pour les aspects toponymiques : en marge de l'édition des actes de Stavelot-Malmedy, les recherches de Roland (1900) ; retournant au manuscrit de base, mais fondé sur les identifications de Halkin & Roland (1909), Gysseling (1960) et, par celui-ci, Herbillon (1986). Il nous suffit de renvoyer ici à ces travaux sans les citer tous à propos de chaque identification particulière, ce qui allongerait considérablement, mais sans profit, le discours.

(2) Sur cette dernière, voir avant tout Noël (1991), Schroeder (2015 : 18-28) et Barbier (2016).

(3) Une première version de cette recherche a été présentée à la Commission de toponymie et dialectologie (Bruxelles) le 31 mai 2010. L'étude devait initialement paraître en 2012 dans un numéro de la revue *Onoma* en hommage à Martina Pitz, volume qui n'a malheureusement jamais vu le jour. Nous remercions vivement Jean-Pierre Chambon, ainsi que Wolfgang Haubrichs, qui nous a fait part de ses judicieux commentaires.

1. L'acte

1.1. L'original de l'acte de Carloman, comme toutes les chartes stavelotaines d'époque mérovingienne, est perdu. Les actes de Carloman n'ont pas été repris dans le *Codex Stabulensis* du 10e s. (Mazeure 2013 ; Mazeure 2014 : 110-144, 357-358). La copie qui a servi de base aux deux éditions mentionnées est tirée du cartulaire dit *Liber sancti Remacli*, copié vers 1220 ou peu après[4], tous les autres exemplaires connus dérivant de cette copie.

Ce document peut être rapproché d'un autre acte de Carloman conservé par le même cartulaire, un jugement intervenu le 15 août 747 par lequel le maire du palais restitue à l'abbé Anglin la *villa* de Lierneux et ses *appenditia*, autrefois cédés au monastère par Pépin de Herstal, mais injustement retenus par Carloman (Halkin & Roland 1909 : no 18, p. 51-53 ; Heidrich 2001 : no 16, p. 95-98).

La dernière éditrice du document, Ingrid Heidrich (2001 : 93, 96), estime que le fond de ces deux actes est indubitablement authentique, sans toutefois exclure une éventuelle interpolation dans la liste des noms de lieux[5]. Sur cette base, son dernier commentateur (Schroeder 2015 : 31, 78) considère comme probable l'interpolation de la liste des biens donnés par Carloman en juin 746/747 « sous réserve d'une nouvelle identification des toponymes », et ne retient comme assurée que la donation du domaine de Wellin. C'est précisément à cette révision des identifications toponymiques que nous nous attelons dans la présente étude.

1.2. La personnalité du scribe est observable grâce à la comparaison entre le premier acte conservé en original et la version transmise par le cartulaire du 13e s., un acte de Lothaire II daté

(4) Liège, Archives de l'État, Fonds de l'abbaye de Stavelot-Malmedy, no 316, anciennement Düsseldorf, Archives de l'État, B. 52. L'acte est transcrit au fol. 7r.

(5) Le seul soupçon précis d'interpolation porte sur *Aldanias*/Odeigne dans le jugement du 15 août 747. La véracité de l'acte de donation du 6 juin 746/747 avait été mise en cause par Pekel (1997).

du 13 avril 862 (Halkin & Roland 1909 : n° 34, p. 81-86 = Schieffer 1966 : n° 17, p. 410-413)[(6)]. Selon les premiers éditeurs, les erreurs seraient attribuables à une volonté de rajeunir la langue, laquelle n'affecterait cependant que peu les noms propres ; en revanche, la copie manifesterait à leurs yeux « bien des défectuosités qui dénotent l'incurie, voire même l'ignorance » (Halkin & Roland 1909 : LII). Nous vérifierons, par le biais de l'analyse et la restitution des formes toponymiques que l'on relève dans la copie primitive qui nous a transmis les actes les plus anciens de l'abbaye, un certain nombre de confusions entre <u> et <n> (erreur commune), entre <o> et <a>, ainsi qu'un certain nombre de « fautes » qui semblent indiquer que le scribe n'identifiait pas (toujours) les noms propres qu'il transcrivait. Nous reviendrons sur l'attitude à adopter en regard de ce document unique, mais déjà reconnu comme imparfait.

2. Structure du texte

Avant d'aborder la question de l'interprétation du lexique toponymique de l'acte du 6 juin 746/747, nous commencerons par l'analyse minutieuse de la structure de son dispositif.

2.1. La structure syntaxique fait de *hoc sunt villas cuius vocabula sunt*, qui précède l'énumération, le complément direct de *donamus*, dont le sujet est *ego Karlemannus* et le complément bénéficiaire *Anglino abbati*. Il y a deux groupes parallèles, reliés par *similiter et* : *Lenione cum omnibus appenditiis suis in pago Condustrinse*, d'une part, *villam que vocatur Wadalino cum omnibus appenditiis suis*, d'autre part. Le pluriel *hoc sunt villas cuius vocabula sunt* introduit donc les têtes des deux syntagmes, à savoir *Lenione* et *Wadalino*, tandis qu'en forme de reprise, le singulier *villam que vocatur* introduit à nouveau la tête du second, à savoir *Wadalino*. Dans cette double série, la première occurrence de *omnibus appenditiis suis* fonctionne comme apposition de la séquence de noms de lieux commençant par *Caldina*, *suis* renvoyant par anaphore à *Lenione*, tandis que la

(6) Pour l'identification de plusieurs toponymes de cet acte, v. Boutier (2009).

seconde occurrence de la même formule fonctionne comme apposition de la séquence commençant par *Rudis*, *suis* renvoyant ici à *Wadalino*. Les *appenditia* de la *villa* de *Lenione* (ou certains d'entre eux, v. ci-dessous, 2.2) sont localisés dans l'espace public par *in pago Condustrinse*, alors que ceux de la *villa* de *Wadalino* ne sont pas localisés par référence à un *pagus* particulier. En bref, le don concerne deux *villae*, *Lenione* et *Wadalino*, et leurs *appenditia* respectifs, explicitement nommés. Dans la mesure où la ponctuation explicite les relations comprises par l'éditeur, on suggérera donc d'introduire « : » à la suite des deux formules *cum omnibus appenditiis suis* introduisant les noms des *appenditia*.

L'autre acte du même Carloman (15 août 747) vient à l'appui de cette analyse, car le dispositif offre une structure analogue, mais ici rendue explicite (par *quorum vocabula sunt*), relativement à la seule *villa* de *Lethernau* / Lierneux (prov. Liège, arr. Verviers) : « quod domnus et avus noster Pipinus [...] villam aliquam que vocatur Lethernau una cum appenditiis et adiacentiis suis, quorum vocabula sunt : Brastis, Feronio, Unalia et Aldanias ad casam sancti Petri et sancti Pauli Stabulaus et Malmundarias condonasset vel delegasset [...] » (Halkin & Roland 1909 : 52 ; Heidrich 2001 : 97).

Dès ce stade de l'analyse, nous écartons définitivement l'une des interprétations traditionnelles, qui voyait dans les mots *cum omnibus appenditiis suis* une référence à des écarts ou à des hameaux passés sous silence et situés à proximité immédiate du centre domanial(7).

Les formes, toutes fléchies au cas oblique universel de la *scripta rustica romana*, sont en *-a*, *-o* ou *-e*, singulier, *-is* (dans *Rudis*, deux occurrences), pluriel ; *Haist* fait seul exception.

(7) Dans le domaine de Wellin, Tandel (1893 : 1186) et Némery de Bellevaux (1985 : 31) incluaient Halma, Chanly, Lomprez, Barzin, Sohier, Fays-Famenne et Daverdisse à proximité de Wellin ; Baix (1924 : 63) y ajoutait Senoye, Jeherenne, une partie de Resteigne et une partie de Froidlieu ; v. aussi Mignot (2006 : 280-282). Nous ne nous prononcerons pas sur chacune de ces propositions. Halma devait en tout cas en être (v. ci-dessous n. 16).

La structure syntaxique, comme les formes qui l'expriment, qu'elles soient libres (cf. *hoc sunt*, introduisant *villas*, *cuius* neutralisé quant au nombre) ou liées (flexion), sont bien celles d'un latin très « avancé ». Le scribe du 13e s. a donc conservé intact un état de langue qui ne correspondait pas au sien ; cette fidélité doit être justement appréciée.

2.2. À ce stade, plusieurs questions restent posées quant à la première série d'*appenditia*, questions sur lesquelles nous reviendrons en détail (ci-dessous, 4.1).

(i) La première concerne la valeur de la locution coordonnante *nec non et*, qui peut être interprétée comme séparant une première séquence se terminant à *Barsina*, d'une seconde commençant à *Rudis*, ou bien comme intégrant *Rudis* à une première séquence et la séparant d'une seconde commençant à *Pronote*. La question affecte aussi la portée du complément *in pago Condustrinse*, qui pourrait se voir limitée par une séparation forte : le complément localisateur pourrait ne concerner que les premiers lieux cités en tant qu'*appenditia* (quatre ou cinq selon la valeur de *nec non et*), et non l'ensemble de ceux-ci.

(ii) Les autres questions concernent la fonction de la conjonction de coordination *et* dans *Halma et Haist*, celle de la préposition *in* dans *in Guoldo manso*, ainsi que la relation existant entre les deux termes de ce syntagme, pour autant qu'il s'agisse bien d'un syntagme.

2.3. Enfin, la cohérence textuelle doit nous guider pour l'identification de deux toponymes présents dans la suite de l'acte, après la traditionnelle formule de *pertinentia* (« tantum ista [...] trado [...], hoc sunt terris, edifitiis, accolabus... ») : « nec non et in predictis locellis, mansellis, in locis Mosali et Barsina quod homines nostri ex genere Condustrensi his nominibus : Adalinus et Agibertus, Bertegis et Astremundus, tenuerunt » (Halkin & Roland 1909 : 49; Heidrich 2011 : 36). Dans la mesure où *Barsina* est ici clairement la reprise du quatrième *appenditium* condrusien de *Lenione*, *Mosali* doit être une reprise défigurée de *Mosania*, deuxième *appenditium* de cette même *villa* et non une possession distincte. On ne voit pas, en effet, pourquoi le domaine apparaîtrait pour la première fois, sans précision géographique, à la fin du dispositif et non dans la séquence introductive, alors qu'il figure à côté de *Barsina*, mentionné précédemment, et que *Mosali et Barsina* étaient tenus par des hommes « ex genere Condustrensi ». Il faut par conséquent écarter les hypothèses d'identification qui ont envisagé en *Mosali* un toponyme nouveau (v. ci-dessous, 4.1).

En tant que faute manifeste de la copie que nous conserve le cartulaire, *Mosali* dévoile un autre trait de la personnalité du scribe, qu'il faut lui aussi apprécier : « fidèle » au texte qu'il copie, il ne semble pas assez « intelligent » pour comprendre ce qu'il copie. Les transcriptions *Unadelino* et *Unasidio* (Heidrich 2011 : 36, notes s et w) là où on attendrait *Vuadelino* [Wellin] et *Vuasidio* [Wasseiges] confortent ce diagnostic. Nous reviendrons sur ce point dans l'analyse détaillée.

3. Critères de détermination des noms de lieux

Il fallait s'assurer d'une exacte compréhension de l'essentiel de la grammaire du dispositif avant de s'engager dans l'interprétation de son lexique. Dans ce lexique, plusieurs mots du vocabulaire courant du genre de l'acte que nous étudions apparaissent : *pagus*, *villa*, *appenditium*, dont la hiérarchie est explicitée par les relations syntaxiques, *mansus*, sur lequel il faudra revenir, et d'autres mots dont il faudrait apprécier correctement la valeur, y compris *locus*. Cependant, l'essentiel du sens du texte est donné par le lexique onomastique : des noms de personnes et des noms de lieux, constitués en tant qu'arguments d'un verbe performatif qui est le centre du texte et le fondement de l'acte (*donamus* ; cf. Boutier 2003).

Nous prendrons appui sur un article de Jean-Pierre Chambon (1997), qui a non seulement inscrit la démarche de l'identification des noms de lieux dans le champ de la linguistique, mais a précisément défini cette « technique », qui, quoique fondamentale, tout autant pour la compréhension et la critique des textes historiques que pour l'onomastique, ne « bénéfici[ait jusqu'alors] d'aucune véritable approche réflexive, d'aucun corpus de doctrine organisé, d'aucune critériologie explicite » (Chambon 1997 : 57). Nous nous servons de cette étude afin de formuler le plus simplement possible quatre critères auxquels nous nous tiendrons.

3.1. « Nous n'avons que des textes » (*formula repetita*, Albert Henry). Le sens des mots se déduit du sens des textes, le sens des textes du sens des mots. Ce principe de philologie et de linguistique s'applique aux noms propres, ces signes particuliers dont le sens s'identifie à la référence. Pour ce qui concerne les noms propres de lieux, il s'agit non seulement de reconnaître dans les textes un même nom de lieu sous des formes parfois très différentes (démarche d'« identification », qui reconnaît et unit toutes les formes représentant un nom)[8], mais aussi de cerner le sens / la référence de ce nom de lieu en accumulant tout ce que nous apprennent les contextes dans lesquels il est employé (démarche de « localisation », qui constitue le sens, variable, du nom de lieu). Associées, les deux démarches d'identification et de localisation aboutissent, selon les termes de Chambon, à la « détermination » du nom propre, fondement de l'histoire du signe et de ce qu'il désigne.

Ainsi, dans la charte de 746/747, *Mosania* et *Mosali* constituent deux formes d'un même nom de lieu, dont l'une est nécessairement fautive (car les deux formes ne sont pas réductibles l'une à l'autre) ; en revanche, *Rudis*, qui revient deux fois dans l'acte, désigne clairement deux lieux distincts et montre un cas intéressant, et assez rare, d'homonymie à l'intérieur d'un seul texte. Plusieurs des noms de lieux de l'acte sont heureusement attestés dans d'autres textes dont les relations avec la charte de 746/747 sont patentes (chartes de l'abbaye de Stavelot-Malmedy) ou ne le sont pas ; les plus récents de ces textes (écrits ou oraux, français et wallons) sont ceux dans lesquels nous employons aujourd'hui ces noms de lieux.

(8) « D'une façon générale, identifier revient à construire philologiquement, sous le contrôle de la linguistique historique, un segment de l'axe évolutif d'un toponyme. » (Chambon 1997 : 60)

3.2. Concrètement, nous procéderons à la détermination des noms de lieux de la charte de 746/747 en employant quatre critères, qui serviront d'arguments ainsi que de repères pour évaluer les hypothèses.

(1) La démarche d'identification (qui unit les formes d'un même nom) peut opérer au niveau des unités significatives (mots et morphèmes) et reconnaître, en amont de ce nom, un **type toponymique et/ou lexical**. Dans le cas de *Rudis* et *Palatiolo*, il ne semble pas difficile d'identifier les types lexicaux et toponymiques dont ces noms dérivent et les morphèmes qui actualisent ces noms dans un texte latin. Ces types, toponymiques et lexicaux, sont d'autant mieux répertoriés dans la littérature qu'ils sont fréquents, mais la difficulté tient précisément à cette fréquence ; à un type toponymique correspond souvent plusieurs noms de lieux, ce qui est clairement illustré ici par *Rudis*.

(2) La même démarche d'identification peut (et doit) opérer au niveau des unités distinctives (phonèmes, accessibles seulement par leur représentation écrite, si ce n'est dans les formes vivantes ou dont la prononciation a été exactement notée) et reconnaître, en amont ou en aval des segments identifiés, un ou plusieurs **type(s) phonique(s)**. C'est cette démarche qui permet d'identifier de façon certaine *Wadalino* avec toutes les formes connues de ce nom jusqu'à *Wellin*. Ce « grain » d'observation bénéficie de la fréquence basse d'un nom et des segments particuliers qui y ont été identifiés, mais laisse parfois la démarche d'identification comme suspendue à un fil, ainsi que nous le verrons dans le cas de *Warsipio*.

(3) La cohérence du texte où est actualisé le nom guide, en premier lieu, la démarche de localisation de ce nom. Cette référence est **bornée par l'univers du texte**, qui fournit des indices qui restreignent le champ de localisation du nom : « indices directs » (localisation explicitée par une hiérarchie toponymique) et « indices indirects » (localisation découlant de la cooccurrence de plusieurs noms de lieux), selon les termes de Chambon (1997 : 64). L'importance de la structure textuelle et de ce qu'elle implique sur le plan du sens du texte a été

montrée au point 3 ; le caractère progressif de la construction du sens apparaîtra au point 4.

(4) La démarche de localisation est guidée, selon le même principe, par ce que nous apprennent tous les textes où le nom aura été identifié (en vertu des critères précédents), car **ces textes sont autant d'univers bornant la référence, variable, du nom**. Le corpus des chartes de Stavelot-Malmedy constitue un sous-ensemble textuel cohérent permettant de mieux connaître les lieux ; mais vu le caractère fragmentaire de la documentation disponible pour cette haute époque, on se gardera d'accorder trop de poids à ce critère : bien des possessions stavelotaines du 8e s. ont pu passer en d'autres mains avant l'établissement de listes par l'abbé Wibald, au début du 12e s.

4. Détermination des noms de lieux de la charte de Carloman

Nous pouvons à présent construire la détermination toponymique de la charte de 746/747 en évaluant chacune des déterminations particulières grâce aux critères linguistiques (1, 2) et philologiques (3, 4) qui viennent d'être exposés ; prenons acte que ces deux ordres de critères (relatifs respectivement à la forme et au sens) doivent être présents pour valider une détermination.

4.1. *Lenione cum omnibus appenditiis suis in pago Condustrinse*

En vertu de ces arguments, on avance pas à pas, d'abord à propos de la première série de noms, tous centrés autour de *Lenione* : *Lenione* [1] *cum omnibus appenditiis suis in pago Condustrinse* : *Caldina* [2], *Mosania* [3], *Warsipio* [4] *et Barsina* [5], *nec non et Rudis* [6], *Pronote* [7], *Halma* [8] *et Haist* [9] *in Guoldo manso* [10], *Solania* [11](9).

(9) Une virgule après *Haist* et une autre après *Solania* dans l'édition Halkin & Roland (1909).

Lenione [1] *cum omnibus appenditiis suis in pago Condustrinse* désigne certainement Leignon [prov. Namur, arr. Dinant ; D 42][(10)], « qui figurera jusqu'à la fin dans les biens de Stavelot » (HR)[(11)]. La copie de base porte *leuione* (erreur commune ; v. ci-dessus 1.2).

Parmi les autres mentions de cette possession dans le cartulaire, retenons : Lothaire II 862, HR I n° 34 (p. 83) = Schieffer (1966 : 410-412) : « in ipso pago [Condruscio] **villam Slenion** et villam Silvestram Cortem [Fescourt, dépendance de Focant, prov. Namur, arr. Dinant ; D 98] ». – Louis le Germanique 873, HR I n° 36 (p. 92) = Kehr (1956 : 204-206) : « in pago Condruscio villam Vervigium [Vervoz, dép. d'Ocquier, prov. Liège, arr. Huy ; H 73] cum suis appenditiis, id est Bainam [Bende, prov. Luxembourg, arr. Marche ; Ma 2] et Waltinam [sans identification sûre], et **Lenion**, et villam Silvestri Curtem [Fescourt] ». – Lothaire II, faux réalisé *ca* 873-902 (Schieffer 1966 : 446-448) ou peut-être entre août 869 et 873 (Schroeder 2010) : « et in pago Condustri, **villa Lenion** ubi sunt mansa XXXII cum capella et manso dominicato ». – Acte d'échange 953, HR I n° 72 (p. 166) : « de terra propria mansa II ingenuilis in pago Condrustrio in villa Wasipia [Ychippe, v. ci-dessous] cum silva bona, que videlicet terra iacet inter confines Caventonia [Chèvetogne, prov. Namur, arr. Dinant ; D 56] et Moriermont [dépendance de Chèvetogne] et **Lenion** in comitatu etiam Hoio [comté de Huy, prov. Liège, arr. Huy] ». – Attribution d'une terre à la prébende des frères, 1080-1097 (*ca* 1088), HR I n° 121 (p. 247) : « Ego Rodulfus abbas de Stabulaus quandam particulam terre de potestate nostra **Lennon** de manu villici eo quod pro beneficio teneret accepi eam ». – Affectation de deux moulins au service des frères, 1105-1119, HR I n° 141 (p. 286) : « In **villa** autem **Lengeon** duo ab antiquis temporibus habebantur molendina ». – Dénombrement des églises 1130/1131, HR I, n° 152 (p. 305) : « ecclesiam [...] de **Lengun**, de Welin [Wellin, v. ci-dessous] ». – Dénombrement des redevances 1130/1131, HR I, n° 153 (p. 308) : « in **Leignon** III lib. ». – Liste des biens sur le retable, *ca* 1135, HR I n° 159 (p. 323) : « **Lengion** ».

(10) Localisation administrative (province, arrondissement), puis sigle sur la carte dialectale de la Wallonie (selon le système de références qu'utilise notamment l'ALW).

(11) Dans la suite, HR pour Halkin & Roland (1909, 1930), suivi du volume, du n° de la charte et de la page.

La charte de 746/747 offre la première mention de ce bien important de l'abbaye, plusieurs fois qualifié de *villa* et, plus tardivement, de *potestas* ; il comptait, dans la 2e moitié du 9e s., 32 manses outre le manse seigneurial et la chapelle (Schieffer 1966 : 448). – Étymologie inconnue (en dépit de Herbillon 1986 : 90, renvoyant à une proposition de Devleeschouwer).
Arguments de détermination : 2, 3, 4.

Barsina [5], cité une deuxième fois dans l'acte (« in locis Mosali et **Barsina** »), s'identifie certainement avec *Barcenne* (wall. [bórsẽn]), nom d'une ferme située sur le territoire de Ciney [prov. Namur, arr. Dinant ; D 25], près de la limite de la commune de Leignon ; v. Roland (1900 : 521-523), Martin (1964 : 32, mentions à partir de 1495). Première mention de ce nom, qui ne reparaît plus dans le cartulaire.

La mention suivante, dans un nom de personne, apparaît dans la confirmation d'une donation au monastère de Neufmoustier (Huy) en 1170, Schoolmeesters (1881 : 26-27) : « Andreas de **Barsines** ». Sur Barcenne s'est formée une dépendance, Barcenale, devenue plus importante que le lieu souche ; ce hameau était autrefois partagé entre Ciney et Leignon : *ca* 1316 « Barsinelle », etc., Roland (l.c.) ; Martin (l.c.).
Arguments de détermination : 2, 3.

On peut dès lors reconnaître dans ***Mosania*** [3], repris dans l'acte sous la forme altérée ***Mosali*** (v. ci-dessus, § 2.3) montrant que le copiste ne l'a pas reconnue, l'antécédent de *Massogne* (wall. [mósòñ]), nom d'une autre dépendance de Ciney, à proximité immédiate de Leignon.

Il faut écarter l'identification avec Mozet [prov. et arr. Namur ; Na 98], proposée dubitativement par Halkin et Roland. Certes, c'est Mozet qu'il convient de reconnaître dans l'acte d'échange de 953 déjà cité, où l'abbaye cède effectivement une terre située en ce lieu (HR I, no 72, p. 166) : « mansa duo ingenuilis inter duas villas Fals [Faulx-les-Tombes, prov. et arr. Namur ; Na 99] et Olhais [Ohey, prov. et arr. Namur ; Na 101], que terra iacet inter confines Arx silvam [forêt d'Arches] et Mosenc [Mozet] et Maceroles [Maizeroules, dép. de Mozet] et in comitatu Hoio » (argument 4) ; cependant, *Mosenc*/Mozet ne s'accorde pas formellement avec *Mosania* (argument 2, qui pourrait paraître insuffisant dans la mesure où la copie est corrompue) et, surtout, se situe hors de la zone à privilégier en fonction des éléments offerts par le contexte étroit (argument 3). Il faut aussi, naturellement, écarter l'identification par Halkin et Roland du seul *Mosali* avec Mossia, dépendance de Pondrôme [prov. Namur, arr. Dinant ; D 108] ; cette deuxième occurrence doit être corrigée. Au plan formel, une difficulté semble se poser quant aux voyelles <o> et <a> de *Mosania* ; les mentions ultérieures du nom, qui ne remontent pas au-delà du 15e s., sont toutes du type ⌜Massogne⌝ : 1437 « Masongne », v. Roland (1900 : 499), Martin (1964 : 96, seulement formes du 15e s.). Cependant, d'autres cas de fluctuations entre *-ania* et *-onia* sont relevés par Lizin (1988 : 214-296) ; il n'est donc pas nécessaire de suspecter le scribe d'avoir transformé un **Masonia* en *Mosania*, même s'il s'avère qu'il confond souvent <o> et <a> (v. encore ci-dessous *Caldina*, *Warsipio*, *Ferario*).

Arguments de détermination : 1, 2, 3, 4.

On avance encore en reconnaissant de façon assurée dans ***Rudis*** [6], après *nec non et*, Reux, dépendance de Conneux [prov. Namur, arr. Dinant ; D 55], localité au sud-ouest de Leignon ; v. Piot (1874 : 153) ; Roland (1900 : 118) ; Gysseling (1960 : 838). *Rudis* revient une seconde fois dans la charte, mais désigne alors une dépendance de *Wadalino* ; il ne faut pas confondre ces deux noms (v. ci-dessous). Dans ces deux mentions de *Rudis*, l'identification lexicale soutient la détermination du nom de lieu (argument 1) ; en effet, *Reux* est l'une des issues de l'emprunt par le latin du mot francique *ROD 'lieu défriché', que le FEW envisage dans le commentaire de l'article *REUD (FEW 16, 701b) ; v. Willems (1997 : 1, 206-207, qui considère par erreur qu'il n'y a qu'un lieu désigné par *Rudis* dans la charte de 747). *Rudis* est un cas oblique pluriel, ce qui montre l'intégration du mot dans la morphologie latine du temps.

C'est dans le même Reux que les moines de Stavelot acquerront des biens par échange deux siècles plus tard : Donation d'Odilard et de

Judith 943, HR I, n° 64 (p. 150) : « res nostras proprias, videlicet mansos IIII : id est ad **Rouz** mansos II et camba una, ad Rohum [où il faut reconnaître l'anthroponyme à l'origine du premier élément de *Ronvaux*, nom d'une dépendance de Chèvetogne, prov. Namur, arr. Dinant ; D 56] autem mansos II, silva ad porcos saginandos, waida bona et ampla inter duos confines Paulegia [ancien nom du Bocq, affluent de la Meuse à Yvoir] et Isna [identification possible avec l'Iwenne, affluent de la Lesse à Ardenne ; HR, d'où Gysseling (1960 : 538) et Loicq (2014 : 212)] ».

Arguments de détermination : 1, 2, 3, 4.

Avec quatre lieux identifiés avec certitude parmi les six premiers, nous ne nous sommes pas beaucoup écartés du centre de la *villa*, à savoir Leignon. On supposera que les lieux qui restent à identifier (*Caldina* et *Warsipio*) se trouvent dans les mêmes parages (argument 3).

On proposera, ce qui correspond à l'une des suggestions des éditeurs (HR I p. 150, n. 6), de voir dans ***Caldina*** [2] une erreur de copie pour **Colnido* et la plus ancienne mention de Conneux [prov. Namur, arr. Dinant ; D 55]. Le cartulaire offre une autre mention de ce nom dans l'acte d'échange de 943 qui vient d'être cité : HR I n° 64 (p. 150) : « accepimus [...] in precaria [...] mansos VIII, qui in locis coniacent : in villa videlicet Caventonia [Chèvetogne, D 56] mansus I, ad Faid [Fays, hameau d'Achène ; prov. Namur, arr. Dinant ; D 41] mansus I, ad **Colnidum** [Conneux] mansus I, ad Carbium [où il faut probablement restituer **Corbium*, Corbion, hameau de Leignon], mansi V [...] ».

Il faut écarter toutes les autres propositions avancées par Grandgagnage (1855 : 20) et Halkin et Roland dans leur commentaire de l'acte : Schaltin [prov. Namur, arr. Dinant ; D 14], qui fut possession de l'abbaye (acte de confirmation de Henri III, 1040, HR I n° 102 [p. 213] = Bresslau & Kehr (1931 : 65) : « Scaletin ») ; – Haltinnes [prov. et arr. Namur ; Na 100], qui eut une église à la collation de l'abbé (1130/1131, HR I n° 152 (p. 305) « Halentin »), à réfuter en vertu des arguments 2 et 3 ; – surtout [*]*Galdina*, « qui a dû être la forme primitive de Godinne, village peu distant de *Pronote* et de *Solania* » (HR I p. 47) ; cette forme inventée, mais qui aura longue vie, est à récuser en vertu des arguments 2 (*GALDINA > *Godinne* est phonétiquement irrecevable),

3, 4. Le doute s'était insinué dans l'esprit des éditeurs lorsqu'ils commentèrent la charte de 943 (v. HR I n° 64, p. 150-151, n. 6, où est proposée l'identification avec Conneux).

Une fois rétablie la forme **Colnido*, on reconnaît un élément de formation du lexème à l'origine du nom, à savoir le suffixe collectif latin -ĒTU, segment *-ido*, forme latinisée basée sur la forme romane contemporaine. L'identification du suffixe conduit à celle de la base de la dérivation, qui est gaul. *KOLLINO- 'houx' (cf. FEW 2, 885, COL-ENNO), remarquablement préservé par le toponyme dans une aire qui ne conserve lexicalement que des dérivés du concurrent francique *HULIS (FEW 16, 261) et des néoformations romanes (cf. ALW 6 : not. 172 et carte 87)[(12)].

Arguments de détermination, permettant aussi de corriger la leçon du texte : 1, 2, 3, 4.

Enfin, on achèvera d'identifier ces premiers noms de la liste des dépendances de la *villa* de Leignon en osant reconnaître dans ***Warsipio*** [4], cité entre *Mosania* et *Barsina*, un nom dont le type ne nous est pas connu (argument 1) et dont la forme demeure en grande partie inanalysable (argument 2), si ce n'est qu'il semble possible d'y reconnaître l'élément indo-européen (celtique, germanique) *-apja-*, *-epja-* formateur d'hydronymes ; il s'agit d'*Ychippe*, nom d'une dépendance de Leignon [D 42], qui serait donc à considérer en vertu de cette analyse comme un déhydronyme (voir Loicq 2014 : 385, avec renvoi aux publications antérieures).

Trois actes anciens du cartulaire viennent à l'appui de cette identification : Louis le Germanique 873, HR I n° 36 (p. 93) = Kehr (1956 : 205) : « et Curbionem [Corbion, dépendance de Leignon, D 42] et **Wisipen** ». – Acte d'échange 953, HR I n° 71 (p. 165) : « terram quam habebat in **villa Wasipia** ». – Acte d'échange (mêmes disposants) 953, HR I n° 72 (p. 166) : « mansa II ingenuilis in pago Condrustrio in villa Wasipia cum silva bona, que videlicet terra iacet inter confines Caventonia et Moriermont et Lenion » (cité ci-dessus).

(12) Nos remerciements à J.-P. Chambon, qui a identifié cette base.

Il est possible de suspecter une mauvaise lecture du scribe, mais il est interdit de corriger en l'absence d'une analyse plus poussée. Le nom ne reparaît plus dans le cartulaire ; Gysseling (1960 : 1096) ne fournit pas d'autres mentions que celles que nous avons citées.

Arguments de détermination : 3, 4.

Les six noms actuellement identifiés ont été trouvés sur le territoire de trois (anciennes) communes voisines : Leignon, centre de la *villa*, avec Ychippe [1, 4] ; Ciney, à travers deux dépendances à la limite de Leignon, à savoir Barcenne et Massogne [5, 3] ; Conneux (avec Reux) [2, 6].

Avec ***Pronote*** [7] (*Prouote* dans le cartulaire, faute banale ; cf. 1.2), qui fournit de façon certaine la mention la plus ancienne de Purnode [prov. Namur, arr. Dinant ; D 9], l'énumération cesse de citer des lieux cantonnés dans une petite aire située au sud de Ciney pour avancer vers le nord-ouest en direction de la Meuse ; il est sûr, maintenant, que *nec non et* est le coordonnant qui clôt une série avant d'en commencer une autre. L'ordre d'énumération des *appenditia* n'est donc pas aléatoire. La distance de Purnode par rapport au centre de la *villa* n'est pas considérable (une quinzaine de kilomètres), et l'identification ne fait pas difficulté au plan formel. La mention de 746/747 précède directement une mention du 14e s. : HR II n° 437, p. 222-224 (1340) : « Prenodes ».

Arguments de détermination : 2, 3.

L'identification des lieux désignés dans la suite de l'énumération : *Halma* [8] *et Haist* [9] *in Guoldo manso* [10], est bien plus délicate. Jusqu'à présent, les commentateurs de l'acte ont analysé séparément ces différents noms (ou lexèmes ?).

Il a ainsi été suggéré pour *Halma* les localisations suivantes, qu'il faut rejeter définitivement : Halma [prov. Luxembourg, arr. Neufchâteau ; Ne 5], identification proposée par Grandgagnage (1850 : 20) et déjà récusée par Halkin et Roland (HR I p. 48) ; c'est en effet Halma, qui est à reconnaître dans un acte de précaire de 926 (HR I, n° 56, p. 135) : « in **villa** que nominatur **Halmarchia** super fluvium quod vocatur Letia [Lesse] », dans un contexte qui l'associe à Wellin (donc à la seconde *villa* de l'acte que nous analysons ; v. ci-dessous 4.2) ; – lecture fautive du scribe pour **Haltna*, qui désignerait Haltinne [prov. et arr. Namur ; Na 100], dont l'une des premières mentions parfaitement assurées figure dans un acte de 1104, HR I n° 135 (p. 275) : « Theodericus de Halentina » (v. Herbillon 1981 : 69-70).

Pour *Haist*, il faut écarter l'identification avec Haid, hameau de Serinchamps [D 58], ainsi que Heyd [Ma 11], qui représentent certes tous deux le type ubiquiste ⸢Hé⸣ (v. ci-dessous), mais se situent hors de la zone géographique à privilégier ; v. toutes ces propositions dans l'édition HR, certaines ayant laissé des traces dans les travaux ultérieurs.

Dans ***Guoldo*** et ***manso*** (qui, conséquemment, aurait dû être édité *Manso*), Halkin et Roland ont voulu reconnaître deux noms propres de lieu et identifier *manso* avec *Meez*, nom d'une ferme des environs de Bouvignes [prov. Namur, arr. Dinant ; D 38] (HR I, p. 109). Toutefois, *Guoldo* seul n'est pas identifiable comme toponyme.

Nous proposons d'analyser ensemble *Halma et Haist in Guoldo manso*, en identifiant les liens syntaxiques sous-jacents qui les relient : [[Halma – Haist] [in [Guoldo] manso]]. La préposition *et* qui relie *Halma* et *Haist*, alors qu'ils ne constituent pas la fin de l'énumération, indique qu'il faut y voir deux terroirs voisins réunis dans une même unité de propriété, le « manse de Guoldo ». Dans ***Halma*** [8], nous reconnaissons l'une des plus anciennes mentions du type toponymique issu de ⸢han⸣ m. 'prairie inondable située dans la courbe d'une rivière' (emprunt de frq. HAMMA), représenté à de très nombreux exemplaires en bordure des rivières du bassin de la Meuse moyenne (v. l'étude documentée de Feller 1910/1911 ; Vincent 1927 : § 136, p. 176). Dans ***Haist*** [9], nous identifions la plus ancienne mention du type toponymique issu de ⸢hé⸣ f. 'côteau escarpé', lui aussi très fréquent dans la microtoponymie de la Wallonie orientale (FEW 16, 122, HAISI ; v. la discussion étymologique de Remacle 1964)(13).

(13) Les deux bases lexicales ici identifiées ont été étudiées avec soin par Haubrichs (1992) et Kunz & Vòllono (2009 : n° 13-14, p. 120-137), en particulier pour leur représentation toponymique dans l'espace de la Sarre et Moselle.

Ces terroirs situés conjointement *in Guoldo manso*, il semble que ce toponyme non reconnu doive être cherché auprès d'un cours d'eau (ce qu'implique le sens lexical de ⌜han⌝) (argument 1) et dans le champ de localisation suggéré par Purnode (argument 3). Godinne [prov. Namur, arr. Dinant ; D 4 ; 1241 (cop.) « Goudines », wall. gódèn], localité située sur la rive gauche de la Meuse, au nord-ouest de Purnode, pourrait être le lieu désigné, si l'on retient une hypothèse formulée par Carnoy (1948 : 252) et relayée par Herbillon (1981/2006: 100 ; 1986 : 61), selon laquelle le nom *Godinne* serait issu de *GOLD-INA, dérivé de l'anthroponyme *Goldo* (Förstemann 1966 : col. 664). Topographiquement, le territoire actuel de Godinne répond tout à fait à l'association des deux types de terrains définis par *Halma et Haist*, et de surcroît on se trouve toujours dans le *pagus* de Condroz.

Le chaînon manquant est celui de la continuité onomastique : *(in) Guoldo manso* et **Gold-ina*, le second étant l'ancêtre plausible de *Godinne*, désignent-ils le même lieu ? Comment le montrer ?

La première formation est un composé du type *Avricourt* – ou peut-être un syntagme en voie de figement précédant ce type – dans lequel un nom propre de personne en fonction de déterminant précède un substantif désignant un établissement humain (CURTIS, VILLA, MANSUS, MANSIONILE...) ou une caractéristique topographique liée à un établissement humain (MONS, SARTUM, PONS, VADUM...) ; sur ce type de formation, continué en Belgique romane, v. Vincent 1927 : 90-100, spécialement 93 pour les composés en MANSUS (dont sont issus, par exemple,

Le remarquable enthousiasme de W. Haubrichs et de ses élèves, dont était Martina Pitz, doit être poursuivi en tenant compte de la documentation wallonne, en particulier des plus anciennes mentions de ces types, sans nul doute empruntés à haute époque, pour lesquels la distinction entre « Lehnworten » et « Lehnnamen » (v. Haubrichs 1992 : 641) doit à chaque fois être posée, en tenant compte de l'ensemble des représentants, de l'extension et des formes historiques qui attestent chaque type. Nous remercions très vivement W. Haubrichs pour la discussion amorcée à ce sujet et pour les documents qu'il nous a aimablement communiqués.

Audemez, *Bocarmé*, *Morialmé*, etc.). Le néologisme médiéval *mansus* désignait originellement le terrain enclos qui supportait la demeure (ou était destiné à accueillir le centre d'exploitation) et, par métonymie, pouvait référer tant à une exploitation paysanne qu'à un petit domaine aristocratique (Schlesinger 1979). *Guoldo*, nom simple d'origine germanique, est actualisé au cas régime dans le cadre d'une flexion forte (la flexion faible serait en *-one*) ; c'est, parmi les quatre types flexionnels distingués par Martina Pitz, « un authentique réflexe du cas régime roman » (Pitz 2002, spéc. 432-433). Étant donné que l'ensemble constitué par *Halma et Haist* était aux mains de Carloman en 746/747, on peut légitimement supposer que le *Guoldo* auquel réfère la dénomination a dû en être le propriétaire une génération – voire davantage – auparavant, même s'il n'est pas exclu qu'il ait pu donner son nom au lieu en tant que simple bénéficiaire d'un domaine qui lui aurait été concédé par le maire du palais.

La seconde formation est un dérivé en -INA, dans lequel un nom propre de personne précède le suffixe primitivement adjectival au féminin, le substantif support (non exprimé) étant censément VILLA, CURTIS... ; sur ce type de formation en Belgique romane, v. Vincent 1927 : 71-73 (bases anthroponymiques identifiées comme latines), 85-86 (bases anthroponymiques identifiées comme germaniques). Remarquons que ces identifications, justifiant la répartition des toponymes en couches ou strates (« Noms celtiques et romains », « Le haut Moyen Âge »), devraient toutes être réenvisagées. En particulier, le rattachement de *Godinne* à *Godo* (sans référence, Vincent 1927 : 85) n'est pas recevable.

L'hypothèse que les deux noms réfèrent à Godinne (en rive de Meuse) repose sur l'identité posée entre le *Guoldo* (de *in Guoldo manso*) et le **Goldo* (de *GOLD-INA). Une seule personne, dans l'entourage des plus hauts niveaux du pouvoir mérovingien, a été à l'origine de ces deux noms de lieu, dont l'un ne s'est pas continué, tandis que l'autre nous est parvenu. Peut-être les deux noms ont-ils été en concurrence ? Peut-être l'un a-t-il remplacé l'autre dans le cadre de l'évolution des modes onomastiques ou d'un changement de qualification de la propriété ?

Un cas non identique mais que l'on peut rapprocher de celui-ci, dans les chartes de Stavelot, est celui de *Silvestri villa* (Charles Martel 720, HR n° 15 = Heidrich n° 10) appelé ensuite *Silvestri curtis* (voir extraits d'actes de 862 et 873 cités ci-dessus *s.v. Lenione*) ; le second nom se continue dans *Fescourt* [dépendance de Focant, prov. Namur, arr. Dinant ; D 98]. – Dans les régions où l'on dispose d'une documentation abondante dès le début du 8e s., on peut constater l'alternance fréquente entre des éléments de formation : par exemple, en Alsace, alternance entre *-heim*, et *-dorf* dans les noms d'un même village (Schlesinger 1979 : 545-546). On en rapprochera encore les doublets romano-germaniques comme « Bollunvilla sive Bolluntorf » (Charles Martel 718, Heidrich n° 9).

Arguments de détermination : 1, 3 (partiel).

Solania [11], qui clôt la série, désigne probablement la localité disparue de Sologne [Bouvignes, arr. Dinant, prov. Namur], selon l'une des propositions d'identification d'Halkin et Roland. Un acte d'échange confirmé par le roi Arnould en 891 (HR I n° 43, p. 109 = Kehr 1940 : n° 94, p. 138) précise en effet que l'abbaye donne, avec d'autres biens situés « in pago Condustrio » : « simul etiam in Lomacensi campo in **villa Sollanna** de terra bonuaria xxx, silva communi ». Dans la mesure où l'on identifie les lieux mentionnés dans ces deux actes (arguments 2 et 4), il faut être attentif à la localisation offerte par le second (argument 3), à savoir « in Lomacensi campo », dans le *pagus* (ici *campus*) de Lomme, lequel s'étend sur la rive gauche de la Meuse, quand le *pagus* de Condroz se trouve sur la rive droite (Roland 1920, avec carte).

Or il existait « sur la rive gauche de la Meuse, dans le voisinage de la ferme de Meez (Bouvignes) » (HR I, p. 109) une localité appelée *Sologne*, que la Chronique de Waulsort mentionne dès le milieu du 12e s. (*Historia Walciodorensis monasterii*, c. 57, éd. G. Waitz, MGH SS, XIV, p. 529 : « **Solonia** quae propter Dinant adiacet ») ; en 1293 encore, les Dinantais prétendaient que dans la direction de Waulsort, leur territoire s'étendait « juskes a Tilhou a **Solongne** [*Sologne* plus loin dans le texte] » (Borgnet 1862 : 18, 19) ; v. Roland (1920 : 24).

Même si plusieurs toponymes relevant probablement du même type (argument 1) peuvent être trouvés en Wallonie et singulièrement en Condroz (*Solonne* était le nom d'une ferme à Purnode, attestée à partir du 16e s. ; v. Roland 1900 : 515-516), l'ancienneté du toponyme dans la documentation, la présence sur place, au 9e s., d'un domaine appartenant à l'abbaye de Stavelot et l'ordre de l'énumération dans l'acte de 746/747 plaident en faveur de l'identification de *Solania* [11] avec Sologne sous Bouvignes (dans le même sens : HR I, p. 109 ; Baix 1924 : 63; Gysseling 1960 : 925, Heidrich 2001 : 93).

Arguments de détermination : 2, 3 (avec prudence), 4.

4.2. *Villam que vocatur Wadalino cum omnibus appenditiis suis*

Nous poursuivons l'analyse avec la seconde série de noms, centrée autour de la *villa Wadalino*, en rappelant qu'aucune unité localisante supérieure (*pagus*) n'est ici mentionnée : *similiter et villam que vocatur Wadalino* [12] *cum omnibus appenditiis suis* : *Rudis* [13], *Olisna* [14], *Ferario* [15], *Palatiolo* [16] *et Brabante* [17].

Wadalino [12] désigne de façon certaine Wellin [prov. Luxembourg, arr. Neufchâteau ; Ne 4], lieu par rapport auquel devront être situées ses dépendances ; le nom vient deux autres fois dans l'acte sous la forme ***Wadelino***. Laissé à la libre disposition de l'abbé, le domaine de Wellin fut sans doute assez tôt cédé en précaire à des aristocrates laïques avant d'être définitivement affecté à la mense conventuelle en 873 (Mignot & Schroeder 2016) ; il comprenait à cette époque un manse seigneurial, une chapelle et 62 manses paysans (Schieffer 1966 : 448).

Parmi les mentions ultérieures de Wellin comme possession de l'abbaye, citons : Cession de biens en viager par l'abbé Anglinus, 751-768, HR I n° 21 (p. 56) : « rem aliquam in **Wadlino**, id est ecclesiam sancti Martini cum mancipiis, domibus, edifitiis, casis, terris, campis, pratis, silvis, aquis, aquarumve decursibus, simili modo et in alio loco cognominante Brachanto [à rectifier en **Bracbanto*, v. ci-dessous 17] super fluviolo Uemena [Wamme, affluent de la Lomme] ». – Restitution par Lothaire II, 862, HR I n° 34 (p. 85) = Schieffer (1966 : 412) : « villa vocabulo **Watlinio** quam Wigfridus ministerialis noster iure beneficiario obtinet ». – Louis le Germanique, 873, HR I n° 36 (p. 92) = Kehr

(1956 : 204-206) : « id est in comitatu Arduensi villam que vocatur Lernou et Graisdam cum pertinentiis suis et **Watlinia** cum integritate ». – Lothaire II, faux réalisé *ca* 873-902 (Schieffer 1966 : 446-448) ou peut-être entre entre août 869 et 873 (Schroeder 2010) : « et in pago Falmenensi [Famenne] villam nuncupante **Watlino** in qua sunt mansa sexaginta II cum capella et manso dominicato ». – Cession en précaire par Gislebert, 926, HR I n° 56, p. 135 : « In **Wallinio** concessi ei et tradidi mansum I de XXXIIII bonnariis in villa que nominatur Halmarchia super fluvium quod vocatur Letia », et sa rénovation de *ca* 947, HR I n° 69 p. 160 : « de **Watlino** ». – Dispositions prises par l'abbé Fulmar, 1105, HR n° 137 (p. 280) : « Nec hoc pretermittere volumus quod ad molendinum de Kanlui [Chanly, prov. Luxembourg, arr. Neufchâteau ; Ne 6] restruendum, ministeriales nostri de **Wellin** quoquo anno III solidos ex nostris reditibus prebent. » – Dénombrement des biens 1130/1131, HR I n° 150 (p. 303) : « in **Wellines** [sunt mansus] XL ». – Dénombrement des églises 1130/1131, HR I n° 152 (p. 305) : « ecclesiam [...] de Lengun [Leignon], de **Welin** ». – Liste des biens sur le retable, *ca* 1135 (copie *ca* 1660) (HR I n° 159 p. 323) : « **Wellin** ».

Dans *-ino*, *-in*, on identifie un suffixe à valeur diminutive fréquent dans les noms de personnes d'origine germanique sous leur forme hypocoristique ; *Wadalino* est très vraisemblablement, comme le proche *Humnin*(14), un nom de lieu déanthroponymique par une translation sans marque particulière de dérivation (le nom de personne forme directement le nom de lieu) ; le nom de la *villa* a été formé sur le nom de son propriétaire (autre analyse, Herbillon 1986 : 174).

Arguments de détermination : 1 (partiellement), 2, 3, 4.

On commencera l'identification des *appenditia* par les noms dont le type est clairement reconnaissable (argument 1, qui fonctionne efficacement pour quatre des cinq dépendances).

Rudis [13] a déjà été identifié en tant que nom de lieu délexical provenant de *ROD 'lieu défriché' (v. sous [6]). Cette

(14) *Humnin*, désignant Humain [prov. Luxembourg, arr. Marche ; Ma 35], est pourvu du même suffixe (Lothaire II 862, HR I n° 34, p. 84 = Schieffer 1966 : 412) : « in Falminne pago [pagus de Famenne, première mention de ce *pagus*] villam Humnin ».

deuxième occurrence du type ⌜Reux⌝ désigne ici Reux, localité disparue entre Tellin et Resteigne [prov. Luxembourg, arr. Neufchâteau ; Ne 7] ; v. Piot 1874 : 155 ; Tandel 1893 : 1402-1406 ; HR I, p. 48 ; Némery 1957 ; Gysseling 1960 : 838.

Peut-être ce Reux est-il identique à *Ruimartin* (Bulle d'Innocent II 1139 ; v. Kurth 1903 : 108) et ses ruines sont-elles encore visibles au lieu-dit Marchimont (Resteigne) (Némery 1957 ; Mignot 1992). L'abbaye de Stavelot a probablement perdu ce bien au bénéfice des seigneurs de Han-sur-Lesse et des seigneurs de Cons au début du 12e s. ; la « terre de saint Remacle » que Jacques de Cons, seigneur d'Ave, vendit à l'abbaye de Saint-Hubert peu avant 1212 devait correspondre à une partie du village de Reux (Némery 1957 ; v. Kurth 1903 : 278).

Arguments de détermination : 1, 2, 3, 4.

De même, ***Palatiolo*** [16] s'identifie aisément en tant que formé sur *PALATIOLU, dérivé à valeur diminutive de *palatium* 'résidence royale'. Une seule issue de *PALATIOLU se trouve dans l'aire prospectée, à savoir *Paliseul* (wall. [pališū:]) [Ne 37] ; v. Vincent (1927 : § 192, p. 142, classé à tort comme formation « du moyen âge en général »).

Le grand domaine fiscal de Paliseul reparaît dans quelques actes de Stavelot : Donation de l'abbé Albricus 770-779, HR I nº 23 (p. 60) : « trado [...] mansum I qui vocatur Wandelaicus mansus quod dedit mihi senior meus Pipinus atque rex in pago Ardenna, interiacens de uno latere **fisci ipsius qui vocatur Palatiolus atque Beveris** [Bièvre, prov. Namur, arr. Dinant ; D 124] unde est abstractus, et de altero latere Aldemega [Naomé, prov. Namur, arr. Dinant ; D 132] ». Cependant, l'essentiel du fisc fut cédé par l'évêque Walcaud à l'abbaye de Saint-Hubert vers 825 : Acte de donation de Walcaud, *ca* 825, transcrit dans le *Cantatorium* (*ca* 1098-1106), Hanquet (1906 : 12) : « **Palatiolum** » ; v. aussi Bulle de confirmation du pape Innocent II, 1139 (Kurth 1903 : nº 86, p. 107) : « ecclesiam de **Palatiolo** cum capellis et decimis suis » ; Confirmation des statuts et privilèges de l'abbaye par l'évêque de Liège Adolphe de La Marck, 1330, Kurth (1903 : nº 389, p. 515) : « **Paliseul** ».

Le domaine de Paliseul cédé par Carloman à l'abbaye de Stavelot semble être passé dans la mense abbatiale ou dans un lot de biens redistribués sous forme de bénéfices ou de précaires, et être ainsi tombé aux mains de la famille d'Ardenne (Schroeder 2015 : 77-79).

Vers 1020-1029, Hermann d'Ardenne-Verdun restitue à l'abbaye ses possessions de Schaltin et Paliseul : v. Confirmation par Henri III de la restitution, 1040, HR I n° 102 (p. 213) = Bresslau & Kehr (1931 : 65) : « imperator Heinricus [...] reddidit beneficium [...] a comite Herimanno exherede mortuo per aliquanta tempora iniuste detentum, Scaletin [Schaltin, prov. Namur, arr. Dinant ; D 14] videlicet et **Palisiol** cum omnibus apenditiis suis » ; Listes des biens sur le retable, *ca* 1135, HR I n° 159 (p. 323) : « **Palisul** ».

Arguments de détermination : 1, 2, 3, 4.

Quant à ***Ferario*** [15], le lexème dont il provient ne peut être qu'un dérivé de FERRUM 'fer'. Cependant, *FERRARIUM (qu'impose *Ferario*) ne semble pas continué dans la toponymie de l'aire prospectée, au contraire de FERRARIA, survivant dans les nombreux ⌜Ferrière(s)⌝ de la Gaule romane, clairement formé sur FERRARIA 'lieu où on extrait du minerai de fer / où on produit du fer' (« apud eos sunt magnae ferrariae », César, *De Bello Gallico* 7, 22) ; v. Vincent (1927 : § 204, p. 151, dans « le Moyen Âge en général » ; 1937 : § 838, p. 318-319, même classement mais avec référence à l'emploi du lexème et du nom de lieu dérivé déjà dans l'Antiquité). Il semble donc judicieux de restituer **Feraria*, en posant une faute de copie habituelle chez le scribe du cartulaire, et de voir dans cette forme, selon une suggestion de Grandgagnage (1855 : 21), l'antécédent de *Ferrières*, nom d'un « village détruit situé entre Forrières [prov. Luxembourg, arr. Marche ; Ma 46] et Harsin [mêmes prov. et arr. ; Ma 38] ». Il faut en tout cas définitivement rejeter l'identification avec Ferrières [prov. Liège, arr. Huy ; H 77], reconnu en tant que type (argument 1), et connu comme possession stavelotaine (argument 4 : v. HR I p. 230, 305, 323, 353), en vertu du champ dans lequel doit être trouvé le lieu (argument 3).

Au demeurant, ce dernier Ferrières apparaît pour la première fois dans un faux datant au plus tard de 1140 comme un don du comte Frédéric « de Luxembourg » († 1065) à l'abbaye : Fausse bulle du pape Léon IX, datée de 1049, HR I n° 111 (p. 230) : « a Fretherico comite Ferieres et Canses [Chanxhe, dépendance de Sprimont, prov. et arr. Liège ; L 113] ».

Arguments de détermination : 1, 2, 3.

Dans ***Brabante*** [17], on reconnaît une issue de BRAGBANTE, à l'origine d'un nom de *pagus*, devenu comté puis duché (Nonn 1989 : 110-118 ; Gysseling 1960 : 178-180), mais aussi de quelques noms de localités. Comme l'ont vu les éditeurs (HR I, p. 57, n. 1 et surtout Roland 1919 : 265-273), il s'agit de Braibant, dépendance d'Éprave sur la Lomme [prov. Namur, arr. Dinant ; D 89]. *Brabante* représente vraisemblablement la base du dérivé à valeur diminutive, *Braibeteau*, nom d'une localité disparue encore attestée au 16e s., Braibant ayant seulement subsisté comme désignation d'une partie du territoire (Roland 1919 : 269, 271 ; v. aussi carte IGN). Au lieu-dit « Devant Maulin », les fouilles ont révélé l'existence d'un oratoire du haut Moyen Âge, qu'on peut sans doute identifier au centre cultuel de Braibant (Mignot 1992).

Braibant (le même lieu, probablement) revient dans plusieurs autres actes de l'abbaye : Cession de biens en viager par l'abbé Anglinus, 751-768, HR I n° 21 (p. 57), cité ci-dessus à propos de Wellin, où la forme *Brachanto* semble une corruption de **Bracbanto*. – Lothaire II 862, HR I n° 34 (p. 85) = Schieffer 1966 : 412 : « **villam Bragbanto** ». – Louis le Germanique 873, HR I n° 36 (p. 94) = Kehr 1956 : 204-206 : « Brachanta », à nouveau pour **Bracbanto*.

Arguments de détermination : 1, 2, 3, 4.

Il reste ***Olisna*** [14]. Il faut certainement écarter Olne [prov. Liège, arr. Verviers ; Ve 19], tout comme Wanne [mêmes prov. et arr. ; Ve 44], mentionnés dubitativement par les éditeurs en raison des relations de ces lieux avec l'abbaye ; ceux-ci sont bien trop éloignés du champ prospecté, et les formes anciennes qui les désignent (v. Gysseling 1960 : 762, 1043) ne s'accordent pas avec *Olisna*.

En revanche, Olenne constitue sans conteste un candidat valable(15). Le nom est aujourd'hui celui d'un moulin (moulin d'Olenne, dp. 1693), établi à Felenne [prov. Namur, arr. Dinant ;

(15) Nous devons cette suggestion à Philippe Mignot, archéologue au Service public de Wallonie.

D 105] sur le ruisseau homonyme, affluent rive droite de la Houille à Fromelenne [France, dép. Ardennes, arr. Charleville-Mézières] ; il se situe à une vingtaine de kilomètres de Wellin.

Les sites de cette région présentant des caractères similaires (notamment les prés de fauche en bord de rivière) ont souvent attiré les hommes au cours du Moyen Âge (v. Mignot & De Meulemeester 2004). On est en outre à proximité des possessions stavelotaines de Chooz et de Winenne. D'après un acte déjà commenté pour Leignon et Wellin (Schieffer 1966 : 448 ; v. Schroeder 2010), l'abbaye possédait à Chooz, dans la 2e moitié du 9e s., un manse seigneurial, une chapelle et 13 manses paysans (« in villa Calco super fluvium Mose mansa XIII cum capella et manso dominicato »). Quant à Winenne, elle figure dès 1130/1131 parmi les églises à la collation de Stavelot (HR I, n° 152, p. 305 : « Osnines »).

Olenne, *Winenne*, *Felenne*, *Fromelenne*, mais aussi les tout proches *Wancenne* et *Rancenne* (ce dernier en France) sont des dérivés en -INA d'un nom de personne, comme ci-dessus *Barcenne* et *Godinne*, et quantité d'autres noms de Wallonie ; ils désignent des établissements humains, nommés par référence à leur premier possesseur. *Olenne* n'est donc pas un hydronyme primitif (autre proposition étymologique dans Loicq 2014 : 278). La charte de Carloman est une invitation à reconsidérer sérieusement ce type de dénominations ; il est certain que cette démarche aurait plu à notre amie Martina.

Arguments de détermination : 1, 2, 3, 4.

La carte livrée en annexe permet de se représenter la répartition géographique de la *villa* de Leignon et de celle de Wellin, dont les cinq dépendances mentionnées sont toutes situées dans le bassin de la Lesse (cours moyen et supérieur, avec les affluents de la Lomme et de l'Our) ou de la haute Meuse (Houille).

5. Bilan

L'hypothèse de départ, selon laquelle deux ensembles de biens-fonds sont à distinguer, l'un centré sur la *villa* de Leignon, l'autre sur celle de Wellin, est confirmée. Les lieux

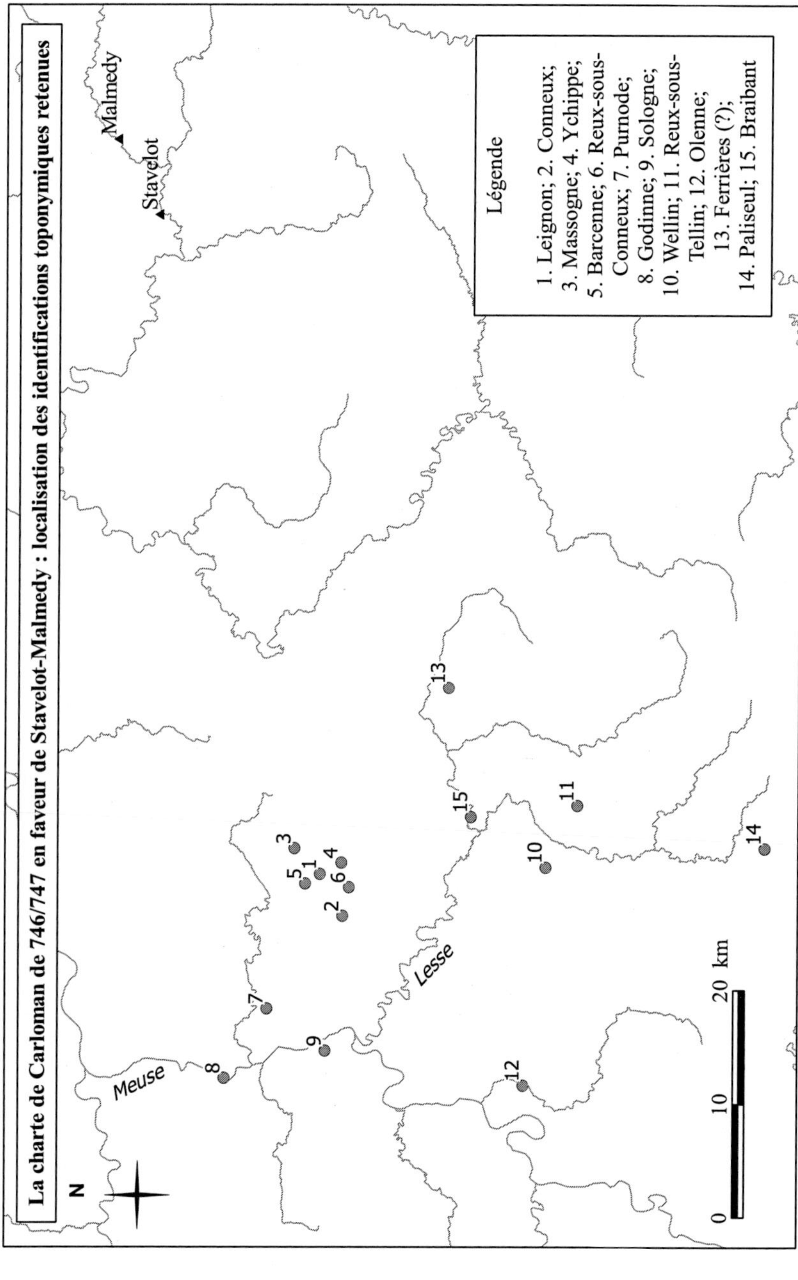
La charte de Carloman de 746/747 en faveur de Stavelot-Malmedy : localisation des identifications toponymiques retenues
Malmedy
Stavelot
Meuse
Lesse
N
Légende
1. Leignon; 2. Conneux;
3. Massogne; 4. Ychippe;
5. Barcenne; 6. Reux-sous-Conneux; 7. Purnode;
8. Godinne; 9. Sologne;
10. Wellin; 11. Reux-sous-Tellin; 12. Olenne;
13. Ferrières (?);
14. Paliseul; 15. Braibant
0 10 20 km

désignés comme dépendances des deux *villae* ne se répartissent pas au hasard : ils s'ordonnent géographiquement en deux cercles. Le premier, qui englobe les dépendances situées à proximité immédiate du centre domanial principal (moins de 5 km), est constitué de cinq *appenditia* explicitement énumérés pour Leignon, mais inexistant pour Wellin, en partie sans doute parce que les finages jointifs étaient à cette époque en voie de formation et pas encore reconnus comme distincts de la *villa Wadalino*(16). Le deuxième cercle regroupe les dépendances plus éloignées, de 8 à 25 km environ. Toutefois, ni l'une ni l'autre des deux séries de toponymes ne répond à un ordre géographique rigoureux, tel que les historiens ont pu en mettre en évidence dans d'autres actes et polyptyques du haut Moyen Âge (Stoclet 1989 : 134-149 ; Devroey 2003 : 381-392 ; Devroey 2007 ; Bruand 2009 : 128-132 ; Devroey 2011 : 183-185).

Tandis que Leignon et Wellin se désignent comme centres d'exploitation et d'habitat (*villae*) et que leurs noms n'ont pas cessé d'appartenir à la toponymie majeure, les noms de leurs dépendances (*appenditia*) ont été identifiés, pour la plupart, dans la toponymie mineure, selon une différenciation qu'il faut relever et dont il faut mesurer les implications quant à la recherche. Cette couche « inférieure » de la toponymie s'est en effet renouvelée au gré de la reconfiguration des habitats : Reux-sous-Tellin, Sologne et Ferrières ont disparu ; Barcenne et Braibant se sont effacés devant Barcenale et Braibeteau, ce dernier ayant à son tour dépéri ; à l'inverse, Conneux, Godinne et Reux-sous-Conneux se sont ultérieurement développés.

Alors que l'étymologie des noms propres n'était pas l'objectif poursuivi, le fait de reconnaître aisément le type d'un nom de

(16) C'est en tout cas l'hypothèse la plus plausible pour expliquer l'absence de toute mention d'Halma avant le 10e s. : si ce terroir faisait partie intégrante de la *villa* – au sens large – de *Wadalino* / Wellin, sans doute n'y avait-il pas lieu de le citer parmi ses *appenditia*, au contraire de Reux par exemple. Et de fait, la cession en précaire par Gislebert, comte et abbé, en 926, nous présente explicitement Halma comme « une *villa* dans la *villa* » : « In Wallinio concessi ei et tradidi mansum I de XXXIIII bonnariis in villa que nominatur Halmarchia super fluvium quod vocatur Letia » (HR I : no 56, p. 135 ; v. aussi *ibid.* no 69, rénovation de l'acte *ca* 947).

lieu a constitué un argument important de sa détermination (classé en première position), même si insuffisant à lui seul. Positivement, il semble bien que les noms de lieux issus de lexèmes apportent un enseignement précieux quant au motif de la dénomination (ce qui a été désigné, quand, par qui et avec quels moyens linguistiques). Deux lieux ont été dénommés en tant que « lieux défrichés » par un mot emprunté du francique (*Rudis*) ; un en tant que « lieu où l'on trouve et exploite le fer » (*Ferario*/**Feraria*) ; un en tant que « résidence royale » (*Palatiolo*) ; deux en vertu de deux configurations particulières symétriques en bordure de rivière, désignées en tant que « anse inondable » et « coteau escarpé » ; un en tant que « lieu où abonde le houx », par un lexème dérivé en latin sur une base gauloise (*Caldina*/**Colnido*). Cette qualification en vertu d'une fonction ou d'une qualité particulière, avec des moyens linguistiques qui sont ceux d'une latinité créative, proposant des formations nouvelles et ouverte à l'emprunt, pointe le milieu qui a désigné la plupart de ces lieux : de grands propriétaires fonciers organisant l'exploitation du sol et du sous-sol et le contrôle des rivières à partir d'un centre d'habitat. Ceci devrait, bien sûr, être corroboré par l'analyse d'autres cas.

6. Retombées dans le domaine historique

6.1. Les soupçons d'interpolation pesant sur la charte de Carloman de 746/747 étaient-ils justifiés ? Nous avons répondu dans un premier temps (§ 1, 2.1, 2.3) en examinant de près le travail du scribe du cartulaire des années 1220, qui nous a transmis la copie de base de cet acte. Il est apparu, et l'analyse l'a confirmé, qu'il respectait, dans la mesure de ses capacités – limitées –, le texte des actes qu'il avait sous les yeux sans chercher à le « corriger », ni même toujours le comprendre (v. aussi Renard 2001). Certes, on ne peut jamais tout à fait exclure l'ajout d'un ou de plusieurs noms de lieux dans le dispositif d'un acte qui ne nous est pas conservé en original, et l'on sait par ailleurs que le *scriptorium* de Stavelot-Malmedy, à l'instar de nombreuses autres abbayes du haut Moyen Âge, a falsifié un certain nombre d'actes aux époques carolingienne et ottonienne (Mazeure 2014 : 111-144). Mais ce soupçon ne doit pas être gratuit. À l'exception de *Brabante* (où l'on attendrait plutôt **Bragbanto* ou **Bracbanto*), et si on laisse de côté les erreurs de copie manifestes, toutes les formes toponymiques analysées reflètent un état de la langue en conformité avec ce que l'on connaît du latin des 7e-9e s. L'absence de plusieurs des *appenditia* cités du patrimoine de l'abbaye tel qu'il nous est connu par le cartulaire et en particulier les listes établies dans les années 1130 par l'abbé Wibald (HR I, no 150, 151, 152, 153, 154, 159) ne doit pas non plus étonner outre mesure : non seulement près de quatre siècles se sont écoulés et le cartulaire conserve proportionnellement fort peu d'actes du haut Moyen Âge, mais la plupart de ces dépendances « perdues » étaient des possessions excentriques : songeons à *Pronote* / Purnode, *Halma et Haist in Guoldo manso* (Godinne) ou *Olisna* / Olenne ; Sologne a du reste quitté le patrimoine monastique par échange dès le 9e s. (v. aussi Schroeder 2015 : 250-256).

6.2. Si l'on admet ces prémisses, l'apport de la présente étude à l'histoire locale (il conserve la plus ancienne mention textuelle des lieux identifiés) et à l'étude de l'abbaye de Stavelot et de son patrimoine est indéniable. Non seulement deux noms de lieux qui jusqu'alors résistaient aux tentatives d'élucidation (*Guoldo manso*, *Olisna*) reçoivent ici une détermination quasi certaine, mais un tri a été opéré parmi les nombreuses hypothèses d'identification avancées depuis le milieu du 19e s., et une série de propositions erronées, dont certaines couramment acceptées par les historiens (Ferrières, Heyd, Wanne...), ont été fermement rejetées ; pour le détail, v. encore ci-dessous 6.1.2. Toutes les déterminations ne présentent pas le même degré de certitude : l'identification de Leignon et Wellin, mais aussi d'Ychippe (en dépit des difficultés que cette forme soulève sur le plan linguistique), de Barcenne, Purnode, Olenne et Paliseul sont hors de doute (l'éloignement de Paliseul par rapport à la *villa* de Wellin est certes notable, mais les terres possédées par l'abbaye dans ce fisc ou à sa marge doivent avoir une origine royale, ce qu'en l'absence de toute donation royale connue la charte de Carloman permet d'expliquer). Reux-sous-Conneux et Reux-sous-Tellin présentent les deux seules actualisations de ce type sans article, signe infaillible de leur ancienneté ; leur situation géographique respective par rapport au centre domanial et, pour le second, la mention plus tardive d'une « terre de saint Remacle » dans ce terroir, ne laissent guère place au doute. Il en va de même pour Braibant, type relativement répandu, mais possession stavelotaine bien attestée dès les années 751-768. On peut énoncer un constat analogue à propos de Massogne, pour lequel la proximité géographique constitue un facteur déterminant. À un moindre niveau de certitude se situent les identifications de Conneux pour *Caldina*, de Godinne pour *Guoldo manso*, de Sologne près de Bouvignes pour *Solania*, de Ferrières près de Forrières pour *Ferario* (le type étant assez répandu, sans être à proximité immédiate de Wellin et le bien n'apparaissant plus ensuite parmi les possessions documentées de l'abbaye) ; dans deux cas, rappelons-le, l'identification implique la correction du témoin (*Caldina*, *Ferario*).

6.3. L'acte de 746/747 est par ailleurs le premier de la période médiévale à mentionner le *pagus* de Condroz et à y rattacher un certain nombre de localités (Nonn 1983 : 105). Lesquelles précisément ? Déjà van Rey (1977 : 99) avait rejeté l'idée, soutenue par Roland (1920 : 85 sq.), que la totalité des biens mentionnés dans la charte de 746/747 devaient être situés dans le *pagus* de Condroz. La simple mention de Paliseul (*Palatiolo*), traditionnellement placé dans le *pagus* d'Ardenne, prouve à suffisance qu'il n'en est rien, même en acceptant à la suite du chanoine Roland que le *pagus* de Condroz englobât à l'origine le futur *pagus* de Famenne. Mais si les dépendances de la deuxième *villa* ne sont pas localisées par référence à un *pagus* particulier, il n'en va pas de même des *appenditia* de Leignon. Suivant l'interprétation développée ci-dessus, c'est en effet l'ensemble des toponymes énumérés de *Caldina* à *Solania* qu'il convient de considérer comme des *appenditia* de la *villa Lenione*, et ceux-ci sont dits « in pago Condustrinse ». Faut-il dès lors en conclure que les limites traditionnellement acceptées du *pagus* de Condroz, en particulier la Meuse, doivent être remises en question ? Il nous semble plutôt qu'il ne faut pas accorder une confiance aveugle à ce type de localisation. Les exemples ne sont pas rares de localités situées tantôt dans le *pagus* de Lomme, tantôt dans celui de Condroz, de Famenne ou d'Ardenne, et la Meuse n'a pas constitué en soi une limite intangible (Roland 1920 : 10, 28, 108, 111-112...). Au demeurant, le rédacteur de la charte n'accordait manifestement pas une grande importance à ce référent, puisqu'il omet toute mention du ou des *pagi* pour Wellin et ses *appenditia* ; il est d'ailleurs possible que *Solania* / Sologne, mentionnée en toute fin de la première énumération, ne se rattachait pas expressément à ses yeux au *pagus* de Condroz.

6.4. L'analyse de l'acte de donation de Carloman permet aussi d'appréhender l'organisation spatiale des domaines des maires du palais. Si l'on accepte la lecture proposée, les domaines concédés se présentaient comme certains biens fiscaux (ils en sont en partie issus), sous la forme d'un grand domaine (la *villa* principale) entouré de possessions satellites dans un rayon de vingt kilomètres, voire davantage, suivant une structure bien attestée à partir de 717 (Perrin 1951 : 53-55 ; Metz 1960 : 91-195 ; Gockel 1970 : 203-220 ; Barbier 1994 : 209-227 ; Barbier 2010 : 443). Certes, cela n'étonnera guère de la part du maire du palais (Werner 1980 : 458-468). Si plusieurs des possessions énumérées ont pu être d'importance, rien ne permet d'affirmer qu'elles couvraient la totalité du finage désigné. Le contraire est même assuré dans plusieurs cas : par exemple à Reux-sous-Conneux et à Ychippe, où l'abbaye reçoit encore plusieurs donations au milieu du 10ᵉ s. (HR I nº 64, 71, 72), et à Paliseul, où le centre du fisc avait été cédé à l'abbaye de Saint-Hubert (Hanquet 1906 : 12).

Un acte de précaire déjà évoqué suggère le maintien d'une structure de ce type au début du 10ᵉ s. à Leignon, qualifiée de *potestas* : « accepimus ex ipsis monasterio (...) mansos VIII qui in his locis coniacent : in villa videlicet Caventonia mansus I, ad Faid mansus I, ad Colnidum mansus I, ad Carbium mansi V, in comitatu Hoio, de potestate Lenion, familia XII... » (HR I nº 64, p. 150-151). Chèvetogne, Fays (Achêne), Conneux, Corbion : nous sommes en terrain connu.

Il est vraisemblable qu'une telle « mise en réseau » se doublait d'une subordination administrative. La multiplication d'analyses similaires permettrait sans doute de déterminer dans quelle mesure ce schéma était répandu.

7. Retombées dans le domaine linguistique et philologique

7.1. *Corrections apportées aux usuels de toponymie*

7.1.1. On mesurera l'importance d'une interprétation plus exacte du lexique toponymique de la charte de Carloman de 746/747 en constatant ce que celle-ci apporte aux usuels de toponymie (pour un bilan de ceux-ci, v. Boutier 2007).

Dans Herbillon (1986), consacré aux seuls noms des communes avant fusion, dix noms sont concernés par l'acte de Carloman de 746/747. La mention de l'acte, reconnaissable sous la forme « 747 (cop. 3e déc. 13e s.) », est empruntée à Gysseling (v. ci-dessous).

Cette mention vient à bon escient trois fois : *Paliseul* [Ne 37] ; *Purnode* [D 9] ; *Wellin* [Ne 4]. Il faut corriger la datation de la copie sous *Leignon* [D 42], « 747 (cop. 3e quart 13e s.) », erreur qui provient de Gysseling. Il faut supprimer la mention de l'acte aux articles : *Ferrières* [H 77], où d'ailleurs *Ferario* ne pouvait être laissé sans correction dans l'optique d'une étymologie par « lat. *ferrariae* 'mines de fer' » ; *Godinne* [D 4], où l'identification de *Caldina* est reconnue douteuse ; *Heyd* [Ma 11], où se trouve *Haist*. Il faut aussi supprimer le commentaire parasite sous *Braibant* [D 24], que l'on ne peut comprendre sous cette forme et à cet endroit, étant donné l'objectif et la structure du dictionnaire : « Le dimin. *Braibeteau*, à Éprave [D 89] est 747 (cop. 3e déc. 13e s.) *Brabante*. ». Il faut en revanche ajouter les mentions nouvellement identifiées sous *Godinne* [D 4], même si *Goldo manso* n'est pas l'ancêtre mais le synonyme de l'ancêtre de *Godinne*, et sous *Conneux* [D 55].

Dans Gysseling (1960), très précieux répertoire des formes toponymiques antérieures à 1226 situées en Belgique, aux

Pays-Bas, dans le Grand-Duché de Luxembourg, dans la France du Nord et l'Allemagne de l'Ouest, l'une des sources principales de Herbillon (1986), l'acte de Carloman de 746/747 est à reconnaître dans la citation « 747 cop. 3ᵉ déc. 13ᵉ, I SMc nº 13 », où 13 correspond au numéro de l'acte dans la copie de base, ce qui ne facilite pas la vérification. L'auteur est retourné à ce ms., mais s'est servi de l'édition d'Halkin et Roland pour l'identification des noms de lieux ; il n'y a cependant jamais de discussion ni de référence aux travaux.

La mention de l'acte de Carloman vient à bon escient neuf fois (*Barcenne*, *Massogne*, *Paliseul*, *Purnode*, les deux *Reux*, *Sologne*, *Wellin*, *Ychippe*). Il faut corriger la date du ms. sous *Leignon* (v. ci-dessus). Il faut supprimer la mention de 747 dans six articles : *Braibeteau* (*Brabante*), *Ferrières* dans l'arr. de Huy (*Ferario*), *Godinne* (*Caldina*), *Heyd* (*Haist*), *Meez* (*Manso*), *Wanne* (*Olisna*). Il faut l'ajouter sous *Conneux* (**Colnido*) et la préciser sous *Godinne* (*Guoldo manso*, comme antécédent de la désignation, et non ***Caldina*). Il faut créer les articles *Ferrières*, près de Forrières (**Ferraria*) ; *Braibant*, près de Braibeteau (*Brabante*) ; *Olenne*, près de Felenne (*Olisna*), avec les précisions données ci-dessus.

Dans Carnoy (1948), il semble à première vue que quatorze articles sont concernés, mais on ne peut être parfaitement sûr d'avoir tout vu. Carnoy travaille de seconde main et ne retourne pas aux sources ; les formes de l'acte de 746/747 lui sont connues par les travaux de Roland (essentiellement Roland 1900), de Förstemann et de Vincent (1927).

On trouve la forme de 747 reprise à l'une de ces sources sous *Barcenne*, *Paliseul*, *Reux* (dép. Conneux), *Ychippe*. Il faut supprimer les formes datées de 747 sous *Haid* (dép. Serinchamp) (d'après F[örstemann]) et sous *Meez* (dép. de Bouvignes) (d'après V[incent]). Il faut ajouter la mention de 747, avec sa référence, sous *Conneux* (mention de 943, d'après R[oland]) et *Massogne* (mention de 1437, d'après R[oland]). Il faut ajouter un article *Reux*, pour l'autre mention de *Rudis*. Les mentions de 747 sont mal citées sous *Leignon* (747 *Lenion*, mal copié de R[oland]), sous *Wellin* (747 *Wadalins*, mal copié de V[incent]). C'est l'entrée *Solonge* (dép. Bouvignes), où est cité 747 *Solania*, qu'il faut corriger en *Sologne*. Il faut corriger la date et la source sous *Purnode*, où la première mention citée est 10e s. *Pronote* S. Hub. [Abbaye de Saint-Hubert], qui est bien notre mention !

On terminera cette triste revue en citant l'article *Olne* : « *Olne* (arr. Verviers) [1095 *Alno* St. M. [= Collégiale Saint-Martin de Liège], 13e s. Oelne Val. Ben. [= Abbaye du Val-Benoît, près de Liège.] (pron. On). — 'à l'aune'. — En 847 [lire : 747], le cartulaire de Stavelot-Malmédy donne pour cet endroit une forme *Olisna*, qui indique que les bilingues, à cette époque traduisaient *alnus* par *alisna*. » Il vaut mieux ne rien ajouter.

7.1.2. Constatant, grâce à ce « facteur d'impact », l'importance qu'il y a d'identifier précisément l'acte de 746/747, afin de permettre la vérification et d'ouvrir au besoin la discussion, nous pensons que la référence à cette source devrait être claire pour chacune des formes citées, par exemple sous la forme Cart. Stav. 746/747 (cop. 13e s.). Cette référence pourrait être explicitée dans une table des actes les plus anciens et les plus importants, où seraient livrées, après l'abréviation servant de clé, les informations essentielles suivantes : 1° Brève analyse de l'acte. 2° Éditions de référence. 3° Travaux concernant l'identification des noms de lieux. 4° Autres travaux importants.

Ici, par exemple : Cart. Stav. 746/747 (cop. 13e s.). 1° Donation par Carloman à l'abbaye de Stavelot-Malmedy des *villae* de Leignon et de Wellin et de leurs dépendances. 2° Halkin/Roland, I, 1909, n° 17 (p. 46-50) ; Heidrich 2001, n° 15 (p. 93-94) = Heidrich 2011, n° 15 (p. 34-36). 3° Boutier / Renard 2017.

La liste des sources toponymiques renverrait elle-même à la bibliographie des travaux primaires (ici les deux éditions) et secondaires (ici notre article).

7.2. *Enseignements de la démarche*

Plus positivement, nous dégagerons, en quelques points, ce que l'« exercice » de détermination des noms de lieux de la charte stavelotaine nous a appris.

7.2.1. Tout d'abord, nous avons vérifié l'efficacité d'une démarche qui pratique *ensemble* identification et localisation, afin d'aboutir à la détermination du signe toponymique dans sa globalité (Chambon 1997 : spéc. 64-74). C'est en vertu de cette double exigence (qui sert ici de base à quatre critères) que nous avons pu définitivement écarter toutes les déterminations qui ont failli dans l'analyse de l'une des faces des signes toponymiques de la charte de 746/747 : mauvaises identifications, dues à des analyses fausses sur le plan formel (v. par exemple, *Halma*, identifié avec Halma ou Haltinne, *Caldina*, identifié avec Schaltin, le même Haltinne et Godinne, propositions séparées par un « ou » bienveillant laissant le choix à l'utilisateur) ; mauvaises localisations, dues à des analyses n'exploitant pas ou exploitant mal les indices référentiels fournis par les textes (v. par exemple les propositions écartées pour *Caldina*, *Solania*, *Haist*, *Olisna*) ; bien souvent, ces erreurs découlaient de la priorité accordée par les éditeurs et les commentateurs de l'acte à une identification avec des biens-fonds attestés dans le patrimoine monastique à une époque plus tardive (v. les cas déjà cités d'*Halma* et *Caldina*, ou encore *Ferrario* et *Olisna*). C'est en vertu de cette double exigence que nous avons pu aussi confirmer certaines déterminations exactes de nos prédécesseurs et proposer des déterminations nouvelles.

7.2.2. Le caractère progressif de la démarche, qui avance du plus sûr au plus risqué, est illustré par la détermination de *Halma et Haist in Guoldo manso*, certes audacieuse, mais s'appuyant sur les autres déterminations, autrement dit la compréhension fine de ce que nous apprennent les formes et le texte.

Le gain de telles découvertes se mesure : – sur le plan philologique (établissement du texte, ponctuation exacte, table des noms de lieux et de personnes exacte) ; – sur le plan toponymique (v. tous les acquis mentionnés) ; – sur le plan anthroponymique (catégorisation de *Guoldo* comme anthroponyme, ainsi que des premiers éléments de *Barsina* et *Olisna*) ; – sur le plan lexical (découverte de documents essentiels pour l'histoire de lexèmes romans, attestés indirectement par des noms de lieux à très haute époque : ⌜reux⌝, ⌜han⌝, ⌜hé⌝, d'origine francique, et découverte d'un lexème du substrat gaulois dans le nom issu de *COLIN-ETU.

7.2.3. La détermination des noms de lieux, en tant qu'ils constituent une part essentielle du message véhiculé par le texte, contribue à lire ce texte en tant que document linguistique et historique. Cette construction a conduit à proposer certaines corrections au manuscrit de base, par exemple celle de *Caldina* en **Colnido*, démarche elle aussi risquée, mais garantie par la détermination de ce nom. En effet, quoiqu'étant véridique sur le plan philologique et diplomatique, la forme *Caldina* est fausse sur le plan linguistique (la face signifiante du signe ne correspondant pas à la face signifiée) ; comme telle, elle enraye tous les processus de connaissance. Nous avons appris à donner, sous contrôle, l'exacte leçon d'une forme toponymique, et au-delà, à contrôler les formes toponymique du texte.

7.2.4. Au terme de ce parcours, il nous semble que nous avons une connaissance plus juste de notre témoin, non en tant que « cop. 3e déc. 13e s. », selon l'étiquetage du manuscrit par Gysseling et Herbillon, mais en tant que produit de l'activité d'un homme consciencieux parfois dépassé par la tâche. Or, la question doit être posée et non éludée : si un scribe vivant dans l'abbaye de Stavelot-Malmedy et choisi pour transcrire les actes principaux de cette institution n'a pas compris tout ce qu'il transcrivait, pouvons-nous, huit siècles plus tard, comprendre (ou essayer de comprendre) ce qu'il a parfois mal transcrit ? Nous avons répondu à cette question de façon positive. Il fallait mieux connaître ce témoin unique pour mieux l'utiliser.

8. Bibliographie

ALW : *Atlas linguistique de la Wallonie. Tableau géographique des parlers de la Belgique romane d'après l'enquête de Jean Haust et des enquêtes complémentaires.* 1953-. Liège : Vaillant-Carmanne, Université de Liège (10 vol. parus).

Baix, François. 1924. *Étude sur l'abbaye et principauté de Stavelot-Malmédy. Première partie : l'abbaye royale et bénédictine (des origines à l'avènement de S. Poppon, 1021).* Paris : Champion.

BARBIER, Josiane. 1994. Palatium, fiscus, saltus. *Recherches sur le fisc entre Loire et Meuse du VIIe au Xe siècle*. Université de Paris IV : thèse de doctorat inédite (2 vol.).

BARBIER, Josiane. 2010. Du *vicus* de la Canche au *castrum* de Montreuil, un chaînon manquant : le *fiscus* d'Attin ? In : Stéphane Lebecq, Bruno Béthouart, Laurent Verslype (éd.), *Quentovic : environnement, archéologie, histoire. Actes du colloque international de Montreuil-sur-Mer, Étaples et Le Touquet et de la journée d'études de Lille sur les origines de Montreuil-sur-Mer (11-13 mai 2006 et 1er décembre 2006)*, 431-457. Villeneuve d'Ascq : Université Charles de Gaulle-Lille 3 (UL 3, Travaux et recherches).

BARBIER, Josiane. 2016. Rois et forêts en Lotharingie pendant le premier Moyen Âge. L'Ardenne, berceau de la *forestis* ? In : Michel Pauly, Hérold Pettiau (éd.), *La forêt en Lotharingie médiévale. Der Wald im mittelalterlichen Lotharingien. Actes des XVIIIes Journées Lotharingiennes (30-31 octobre 2014, Université du Luxembourg)*, 195-222. Luxembourg : Section historique de l'Institut grand-ducal (Publications du Cludem, 43).

BENVENISTE 1974 [1967]. Fondements syntaxiques de la composition nominale. In : *Problèmes de linguistique générale* 2, 145-162. Paris : Gallimard.

BORGNET, Jules. 1862. *Cartulaire de la commune de Bouvignes*, I. Namur : Wesmael-Legros (Documents inédits relatifs à l'histoire de la province de Namur, 1).

BOUTIER, Marie-Guy. 2003. Verbes centraux du dispositif des chartes médiévales : essai d'analyse. In : Fernando Sánchez Miret (éd.), *Actas del* XXIII *Congreso internacional de lingüística y filología románica*, Vol. 4, 39-52. Tübingen : Max Niemeyer.

BOUTIER, Marie-Guy. 2007. Toponymie majeure de Wallonie : bref état des lieux. *Bulletin de la Commission royale de toponymie et dialectologie* 79, 69-98.

BOUTIER, Marie-Guy. 2009. Les noms de My et Sy (province de Liège, arrondissement de Huy) : découverte par l'onomastique d'une structure publique carolingienne dans l'Ourthe moyenne. In : *Zeitschrift für romanische Philologie* 125, 383-399.

BRESSLAU, Harry, Kehr, Paul. 1931. *Die Urkunden Heinrichs III*. Berlin : Weidmann (Monumenta Germaniae Historica. Diplomata regum et imperatorum Germaniae, V).

BRUAND, Olivier. 2009. *Les origines de la société féodale : l'exemple de l'Autunois (France, Bourgogne)*. Dijon : Éditions universitaires de Dijon.

CARNOY, Albert. 1948. *Origine des noms de communes de Belgique (y compris les noms des rivières et principaux hameaux)*. Louvain : Universitas.

CHAMBON, Jean-Pierre. 1997. Sur une technique de la linguistique historique : l'identification des noms de lieux, en particulier dans les textes du passé (avec des exemples concernant l'Auvergne et ses marges). In : *Lalies, Actes des sessions de linguistique et de littérature* 17 (Aussois, 2-7 septembre 1996), 55-100. Paris : Presses de l'École normale supérieure.

DEVROEY, Jean-Pierre. 2003. L'espace des échanges économiques. Commerce, marché, communications et logistique dans le monde franc au IXe siècle. In : *Uomo e spazio nell'alto medioevo. Spoleto, 4-8 aprile 2002*, 347-392. Spoleto : Centro italiano di studi sull'alto medioevo (Settimane di studio del Centro italiano di studi sull'alto medioevo, 50).

DEVROEY, Jean-Pierre. 2007. Gérer et exploiter la distance. Pratiques de gestion et perception du monde dans les livres fonciers carolingiens. In : Philippe Depreux, François Bougard, Régine Le Jan (éd.), *Les élites et leurs espaces : mobilité, rayonnement, domination (du VIe au XIe siècle)*, 49-65. Turnhout : Brepols.

DEVROEY, Jean-Pierre. 2011. La hiérarchisation des pôles habités et l'espace rural. Autour des possessions de l'abbaye de Prüm (893) en Ardenne belge. In : Michèle Gaillard *et al.* (éd.), *De la Mer du Nord à la Méditerranée : Francia Media, une région au cœur de l'Europe (c. 840 – c. 1050). Actes du colloque international (Metz, Luxembourg, Trèves, 8-11 février 2006)*, 175-206. Luxembourg : Cludem (Publications du Cludem, 25).

FELLER, Jules. 1911. *Le suffixe toponymique* -han. Verviers : Féguenne.

FEW : Wartburg, Walther von. 1922-2002. *Französisches Etymologisches Wörterbuch. Eine darstellung des galloromanischen sprachschatzes.* Leipzig, Bonn, Bâle : Klopp, Teubner, Zbinden (25 vol.).

FÖRSTEMANN, Ernst. 1966. *Altdeutches Namenbuch. Erster Band, Personennamen.* München, Hildesheim : W. Fink, G. Olms.

GOCKEL, Michael. 1970. *Karolingische Königshöfe am Mittelrhein.* Göttingen : Vandenhoeck & Ruprecht, (Veröffentlichungen des Max-Planck-Instituts für Geschichte, 31).

GRANDGAGNAGE, Charles. 1855. *Mémoire sur les anciens noms de lieux dans la Belgique orientale.* Bruxelles : Académie royale de Belgique.

GYSSELING, Maurits. 1960. *Toponymisch woordenboek van België, Nederland, Luxembourg, Noord-Frankreik en West-Duitsland (vóór*

1226). [Bruxelles :] Belgisch interuniversitair centrum voor neerlandistiek (2 vol.).

HALKIN, Joseph, ROLAND, abbé C.-G., 1909, 1930. *Recueil des chartes de l'abbaye de Stavelot-Malmedy*, Bruxelles : Académie royale de Belgique, Commission royale d'histoire (2 vol.).

HANQUET, Karl. 1906. *La chronique de Saint-Hubert dite Cantatorium*. Bruxelles : Kiesling (Commission royale d'histoire. Recueil de textes pour servir à l'étude de l'histoire de Belgique, [2]).

HARDY, Philippe. 1996. *Toponymie de Sougné-Remouchamps [L 119] et d'Aywaille [L 118]*. Mémoire de licence de l'Université de Liège.

HAUBRICHS, Wolfgang. 1992. *Germania submersa*. Zu Fragen der Quantität und Dauer germanischer Siedlungsinseln im romanischen Lothringen und Südbelgien. In : Harald Burger *et al.* (éd.), *Verborum amor. Studien zur Geschichte und Kunst der deutschen Sprache. Festschrift für Stefan Sonderegger*, 633-666. Berlin, New York : W. de Gruyter.

HAUST, Jean. 1941. *Enquête dialectale sur la toponymie wallonne*. Liège : Vaillant-Carmanne (Mémoires de la Commission royale de toponymie et dialectologie, Section wallonne, 3).

HEIDRICH, Ingrid. 2001. *Die Urkunden der Arnulfinger*. Bad Münstereifel : H-C-I.

HEIDRICH, Ingrid. 2011. *Die Urkunden der Arnulfinger*. Hannover : Hahn (Monumenta Germaniae Historica. Diplomata maiorum domus regiae e stirpe Arnulforum).

HERBILLON, Jules. 1981. Notes de toponymie namuroise. In : *Le Guetteur Wallon* 57, 67-71.

HERBILLON, Jules. 1986. *Les noms des communes de Wallonie*. Bruxelles : Crédit communal de Belgique.

HR : voir Halkin & Roland I, 1909.

KEHR, Paul. 1940. *Die Urkunden Arnolfs*. Berlin : Weidmann (Monumenta Germaniae Historica. Diplomata regum Germaniae ex stirpe Karolinorum, III).

KEHR, Paul. 1956. *Die Urkunden Ludwigs des Deutschen, Karlmanns und Ludwigs des Jüngeren*. Berlin : Weidmann (Monumenta Germaniae Historica. Diplomata regum Germaniae ex stirpe Karolinorum, I).

KÖLZER, Theo. 2001. *Die Urkunden der Merowinger*. Hannover : Hahn (Monumenta Germaniae Historica. Diplomata regum Francorum e stirpe Merovingica) (2 vol.).

KUNZ, Ruth, VÒLLONO, Maria. 2009. *Nordwörter und Südwörter im Saar-Mosel-Raum. Alte Wortschichten in Toponymen eines exemplarischen*

Interferenzraumes. Saarbrücken : Kommission für Saarländische Landesgeschichte und Volksforschung.

KURTH, Godefroid. 1903. *Chartes de l'abbaye de Saint-Hubert en Ardenne*. Bruxelles : Hayez (Commission royale d'histoire. Publications in-4, [30]).

LIZIN, Hélène. 1988. *Toponymie de Pessoux [D 43] et de Mohiville [D 29]*. Mémoire de licence de l'Université de Liège.

LOICQ, Jean. 2014. *Les noms de rivières de Wallonie, y compris les régions germanophones : dictionnaire analytique et historique*. Louvain : Peeters (Mémoires de la Commission royale de toponymie et de dialectologie. Section wallonne, 26)

MARTIN, Jean-Pierre. 1964. *Toponymie de la commune de Ciney*. Mémoire de licence de l'Université de Liège.

MAZEURE, Nicolas. 2013. Notger et l'écrit diplomatique à Stavelot-Malmedy à la fin du Xe siècle. La mise par écrit et l'exploitation des chartes comme fondements de l'autorité politique et de l'idéologie épiscopales. In : Alexis Wilkin, Jean-Louis Kupper (éd.), *Évêque et prince. Notger et la Basse-Lotharingie aux alentours de l'an Mil*, 485-506. Liège : Presses universitaires de Liège.

MAZEURE, Nicolas. 2014. *La vocation mémorielle des actes. L'utilisation des archives dans l'historiographie bénédictine dans les Pays-Bas méridionaux, X^e^-XIIe siècles*. Turnhout : Brepols (Atelier de recherche sur les textes médiévaux, 20).

METZ, Wolfgang. 1960. *Das karolingische Reichsgut. Eine verfassungs- und verwaltungsgeschichtliche Untersuchung*. Berlin : W. de Gruyter.

MIGNOT, Philippe. 1988. Le bâtiment de « Devant Maulin » à Éprave. In : *Annales de la Société archéologique de Namur* 65, 383-390.

MIGNOT, Philippe. 1992. Marchimont (Resteigne) : des marchets au village disparu. In : *Annales de la Société archéologique de Namur* 67, 273-285.

MIGNOT, Philippe. 2006. Entre le glaive et le goupillon : le rôle des châteaux dans le peuplement entre Ardenne et Meuse (Belgique). In : Peter Ettel, Anne-Marie Flambard-Héricher, Thomas E. McNeill (éd.), *Château et peuplement. Actes du colloque international de Voiron (Isère, France), 28 août – 4 septembre 2004*, 277-288. Caen : Centre de recherches archéologiques et historiques médiévales (Château Gaillard, 22).

MIGNOT, Philippe, DE MEULEMEESTER, Johnny. 2004. Usage de l'eau en Ardenne : la question de l'origine des systèmes d'irrigation le long de l'Almache. In : *De la Meuse à l'Ardenne* 36, 95-108.

MIGNOT, Philippe, SCHROEDER, Nicolas. 2016. Agrarian practices and landscape in the estate of Wellin (Belgium) from the Early Middle Ages to the Modern Period : Archaeology and History. In : Jan Klápšte (éd.), *Agrarian Technology in the Medieval Landscape. Agrartechnik in mittelalterlichen Landschaften. Technologie agraire dans le paysage médiéval. 9th-15th September 2013, Smolenice Castle, Slovakia*, 267-278. Turnhout : Brepols (Ruralia, 10).

NÉMERY [DE BELLEVAUX], Eugène. 1957. Le domaine et la paroisse de Reux-Tellin (XIIe siècle). In : *Annales de l'Institut archéologique du Luxembourg* 88, 81-112.

NÉMERY DE BELLEVAUX, Eugène. 1985. *L'ancien doyenné de Rochefort des origines à 1559 (suite)*. In : *Annales de la Société archéologique de Namur* 64, 17-92.

NOËL, René. 1991. Moines et nature sauvage : dans l'Ardenne du haut Moyen Âge (saint Remacle à Cugnon et à Stavelot-Malmedy). In : Jean-Marie Duvosquel, Alain Dierkens (éd.), *Villes et campagnes au Moyen Âge. Mélanges Georges Despy*, 563-597. Liège : Éd. du Perron.

NONN, Ulrich. 1983. *Pagus und Comitatus in Niederlothringen. Untersuchungen zur politischen Raumgliederung im früheren Mittelalter*. Bonn : Ludwig Röhrscheid (Bonner historische Forschungen, 49).

PEKEL, Martine. 1997. Le domaine de Wellin, élément du patrimoine foncier de l'abbaye de Stavelot-Malmedy : les origines. In : *Stavelot, Wellin, Logne : une abbaye et ses domaines*, 7-12. Marche-en-Famenne : Musée de la Famenne.

PERRIN, Charles-Edmond. 1951. *La seigneurie rurale en France et en Allemagne du début du IXe à la fin du XIIe siècle*, I : *Les antécédents du régime domanial. La villa de l'époque carolingienne*. Paris : Centre de documentation universitaire.

Pitz, Martina. 2002. Nouvelles données pour l'anthroponymie de la *Galloromania* : les toponymes mérovingiens du type *Avricourt*. In : *Revue de linguistique romane* 66, 421-449.

PIOT, Charles. 1874. *Les pagi de la Belgique et leurs subdivisions pendant le Moyen Âge*. s.l., s.n.

REMACLE, Louis. 1964. L'ancienneté du wallon *hé* 'versant boisé'. In : *Mélanges de linguistique romane et de philologie médiévale offerts à M. Maurice Delbouille*, I, 551-553. Gembloux : Duculot.

RENARD, Étienne. 2001. Le domaine de Stavelot à Glain (Bovigny) au Xe siècle : une charte privée datée de 915 a-t-elle été interpolée ? In : *Bulletin de la Société d'art et d'histoire du diocèse de Liège* 65, 137-160.

ROLAND, abbé C.-G. 1900. *Toponymie namuroise.* Namur : Wesmael-Charlier.

ROLAND, abbé C.-G. 1919. Quelques problèmes d'identification toponymique. In : *Annales de la Société archéologique de Namur* 33, 263-318.

ROLAND, abbé C.-G. 1920. *Les pagi de Lomme et de Condroz et leurs subdivisions. Étude de géographie historique.* Namur : Wesmael-Charlier.

SCHIEFFER, Theodor. 1966. *Die Urkunden Lothars I. und Lothars II.* Berlin : Weidmann (Monumenta Germaniae Historica. Diplomata Karolinorum, III).

SCHLESINGER, Walter. 1987 [1979]. Die Hufe im Frankenreich. Réimpr. in : Hans Patze, Fred Schwind (éd.), *Ausgewählte Aufsätze von Walter Schlesinger, 1965-1979*, 587-614. Sigmaringen : Thorbecke (Vorträge und Forschungen, 34).

SCHOOLMEESTERS, Émile. 1881. Les *Regesta* de Raoul de Zaehringen, prince-évêque de Liège, 1167-1191. In : *Bulletin de la Société d'art et d'histoire du diocèse de Liège* 1, 129-203.

SCHROEDER, Nicolas. 2010. *Parvitas regni, villae dominicatae et vassalorum.* Note sur un faux diplôme de Lothaire II au profit de l'abbaye de Stavelot († 862 DD LII 37). In : *Revue belge de philologie et d'histoire* 88, 921-933.

SCHROEDER, Nicolas. 2015. *Les hommes et la terre de saint Remacle. Histoire sociale et économique de l'abbaye de Stavelot-Malmedy, VIIe-XIVe siècle.* Bruxelles : Éditions de l'Université de Bruxelles.

STOCLET, Alain. 1989. *Evindicatio et petitio.* Le recouvrement de biens monastiques en Neustrie sous les premiers Carolingiens. L'exemple de Saint-Denis. In : Hartmut Atsma (éd.), *La Neustrie. Les pays au nord de la Loire de 650 à 850. Colloque historique international*, II, 125-149. Sigmaringen : Thorbecke (Beihefte der Francia, 16).

TANDEL, Émile. 1893. *Les communes luxembourgeoises. VI-B : Arrondissement de Neufchâteau : canton de Paliseul, canton de Saint-Hubert, canton de Wellin.* Arlon : Brück (Annales de l'Institut archéologique du Luxembourg, 28).

VAN REY, Manfred. 1977. *Die Lütticher Gaue Condroz und Ardennen im Frühmittelalter. Untersuchungen zur Pfarrorganisation.* Bonn : Lüdwig Röhrscheid (Reinisches Archiv, 102).

VINCENT, Auguste. 1927. *Les noms de lieux de la Belgique.* Bruxelles : Librairie générale.

VINCENT, Auguste. 1937. *Toponymie de la France*. Bruxelles : Librairie générale.

WERNER, Matthias. 1980. *Der Lütticher Raum in frühkarolingischer Zeit. Untersuchungen zur Geschichte einer karolingischen Sammlandschaft*. Göttingen : Vandenhoeck & Ruprecht (Veröffentlichungen des Max-Planck-Instituts für Geschichte, 62).

WILLEMS, Martine. 1997. *Le vocabulaire du défrichement dans la toponymie wallonne*. Liège : Bibliothèque de la Facuté de philosophie et lettres de l'Université de Liège (2 vol.).

Marie-Guy BOUTIER, Université de Liège

Étienne RENARD, Université de Namur